Nußknacker

Unser Rechenbuch

Ausgabe B

4. Schuljahr

von
Paul Leininger
Günter Ernst
Hartmut Wallrabenstein

Grafische Gestaltung:
Eva Raupp Schliemann

Ernst Klett Schulbuchverlag
Stuttgart   Düsseldorf   Berlin   Leipzig

Gliederung

Rechnen im Zahlenraum bis 1 000 (Wiederholung)   4–11
Addieren und subtrahieren 4–5
Mehrere Zahlen subtrahieren 6
Vielfache und Teiler 7
Multiplizieren 8
Dividieren und multiplizieren 9
Halbschriftliches Multiplizieren und Dividieren 10
Zeltausrüstung 11

Die Zahlen bis 10 000   12–23
Große Zahlen 12
Tausenderzahlen 13
Zahlen bis 10 000 14
Zeigen – ordnen – rechnen 15
Multiplizieren 18
Dividieren 19
Schriftliches Addieren und Subtrahieren 20
Runden und überschlagen 21
Spielfest 22
Sportfest 23

Größen   24–27
Meter und Kilometer 24
Meter und Zentimeter 25
Bruchteile von Längen 26
Liter und Milliliter 27

Schriftliche Multiplikation mit einstelligen Zahlen   28–35
Halbschriftliches Multiplizieren 28
Schriftliches Multiplizieren 29
Multiplizieren von Kommazahlen 33
Sachaufgaben 34
Kinderzimmer renovieren 35

Die Zahlen bis 100 000   36–45
Zahlen bis 100 000 36
Zeigen und rechnen 38
Zeigen – ordnen – rechnen 39
Multiplizieren und dividieren 40
Rechenvorteile 42
Schriftliches Rechnen 43
Einwohnerzahlen 44
Wiederholen und knobeln 45

Schriftliche Multiplikation mit mehrstelligen Zahlen   46–51
Schriftliches Multiplizieren mit Zehnern und Hundertern 46
Schriftliches Multiplizieren mit zweistelligen Zahlen 47
Schriftliches Multiplizieren mit dreistelligen Zahlen 48
Schriftliches Multiplizieren 49
Sachaufgaben 50
Wasser 51

Gliederung

Größen und Sachaufgaben — 52–55
Gewicht 52
Tonne und Kilogramm 53
Kilogramm und Gramm 54
Bruchteile von Gewichten 55

Schriftliche Division — 56–67
Halbschriftliches Dividieren 56
Schriftliches Dividieren 57
Überschlagen und dividieren 60
Dividieren mit Rest 61
Dividieren von Kommazahlen 62
Dividieren durch Zehnerzahlen 63
Dividieren durch zweistellige Zahlen .. 64
Multiplizieren und dividieren 65
Am Flughafen 66
Wiederholen und knobeln 67

Geometrie — 68–71
Körper 68
Quader 69
Würfel 70
Körper aus Würfeln 71

Sachrechnen — 72–79
Garten anlegen 72
Lösungshilfen für Sachaufgaben 74
Sachaufgaben – Schlußrechnung 76
Mehrgliedrige Sachaufgaben; Tierhaltung 78

Die Zahlen bis 1 000 000 — 80–91
Zahlen bis zur Million 80
Zeigen und rechnen 81
Multiplizieren und dividieren 84
Schriftliches Rechnen 85
Schaubilder 86
Sachaufgaben; Müll 88
Knacknüsse 90

Geometrie — 92–97
Gerade – parallel 92
Senkrecht 94
Geodreieck 95
Flächen ausmessen; Umfang 96

Größen und Sachaufgaben — 98–105
Zeitpunkte und Zeitspannen 98
Fahrplan; Fahrzeiten 100
Ferien und Urlaub 102
Maßstab 104
Bodensee 105

Zahlbeziehungen — 106–112
Teiler und Vielfache 106
Gleichungen und Ungleichungen 108
Überraschungen mit Zahlen 109
Knacknüsse 110
Längen – Zeitspannen – Gewichte ... 111
Knacknüsse 112

Addieren und subtrahieren

1

Petra: „Bei mir waren es hin und zurück zusammen 520 km."

Arkan: „Mein Ferienort war 60 km näher als der von ..."

Steffi: „Ich war doppelt so weit weg wie ..."

Sven: „Wir sind hin und zurück zusammen 300 km gefahren, weil wir auf der Heimfahrt einen Umweg von 60 km gemacht haben."

Hier waren wir in den Ferien	Entfernung vom Heimatort
Bauernhof	260 km
Ferienwohnung	460 km
Berggasthof	520 km
Zeltlager	120 km

Addieren und subtrahieren

1 Rechne im Kopf.

a) 420 + 260	b) 890 − 460	c) 520 − 250	d) 450 + 365	e) 630 − 245
750 − 340	690 − 270	380 + 460	530 + 285	720 − 465
510 + 480	130 + 760	710 − 530	175 + 650	945 − 270
960 − 530	340 + 230	270 + 380	345 + 490	815 − 680
210 + 780	950 − 740	840 − 670	260 + 785	550 − 275

2 a) Familie Kress war zwei Wochen lang im Urlaub. Für die Fahrt zum Urlaubsort und zurück bezahlte sie 382 DM. Für Ausflugsfahrten im Feriengebiet gab die Familie insgesamt 139 DM aus. **Pz 8**

380 + 140

Runden und überschlagen → Rechnen → Kontrollieren

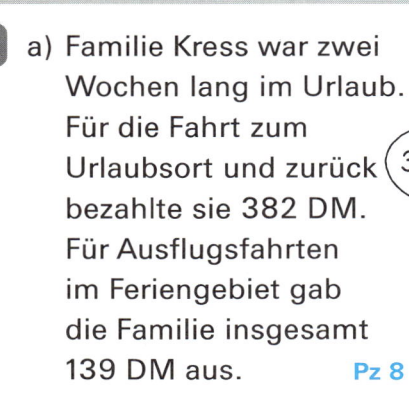

```
  3 8 2  DM
+ 1 3 9  DM
  ‾‾‾‾‾
        1  DM
```

Ich vergleiche das Ergebnis mit dem Überschlag!

b) Von den 945 Gästen im Urlaubsort machen 468 in diesem Jahr zum erstenmal hier Urlaub **Pz 18**

950 − 470

```
  9 4 5
− 4 6 8
  ‾‾‾‾‾
      7
```

3 An einem Regentag besuchte Familie Kress das Hallenbad.
Stelle Fragen, rechne und antworte.

EINTRITTSPREISE

Erwachsene	5,70 DM
Kinder (bis 14 Jahre)	3,80 DM
Jugendliche	4,60 DM

Ich bin 15 Jahre alt, meine Schwester ist 9 Jahre alt.

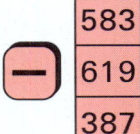

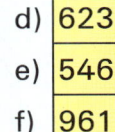

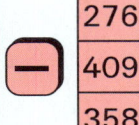

Ich habe an der Kasse für den Eintritt mit einem 50-DM-Schein bezahlt.

Für Getränke haben wir 15,70 DM ausgegeben.

Unsere Eltern haben für meinen Bruder und mich ein Eis für je 2,75 DM bezahlt.

4
a) 482		283
b) 519	**+**	475
c) 278		361

d) 667		219
e) 538	**+**	186
f) 186		333

753 639
561 880
802 994 957
843 765

519 405
372 853 871
757 1000
724 886

üben!

5
a) 812		583
b) 935	**−**	619
c) 700		387

d) 623		276
e) 546	**−**	409
f) 961		358

229 316
193 425
117 352 548
     313
      81

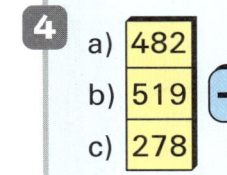

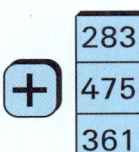

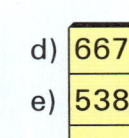

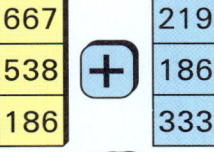

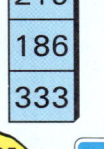

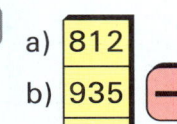

265 188
270 685
603 137 214
552 347

Mehrere Zahlen subtrahieren

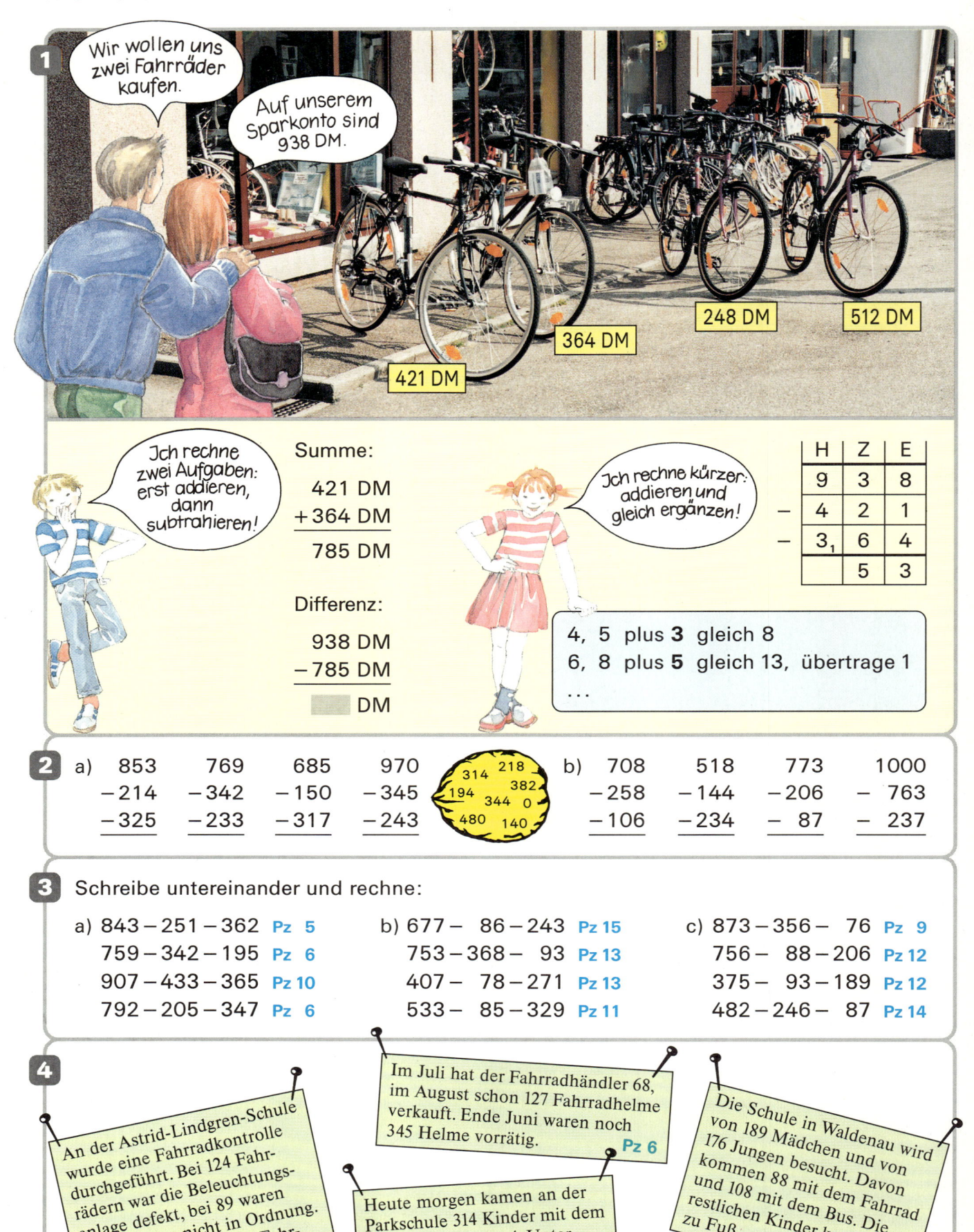

1

Wir wollen uns zwei Fahrräder kaufen.

Auf unserem Sparkonto sind 938 DM.

421 DM   364 DM   248 DM   512 DM

Ich rechne zwei Aufgaben: erst addieren, dann subtrahieren!

Summe:
```
  421 DM
+ 364 DM
  785 DM
```

Differenz:
```
  938 DM
- 785 DM
      DM
```

Ich rechne kürzer: addieren und gleich ergänzen!

H	Z	E
9	3	8
-4	2	1
-3,	6	4
	5	3

4, 5 plus **3** gleich 8
6, 8 plus **5** gleich 13, übertrage 1
…

2 a)
```
 853    769    685    970
-214   -342   -150   -345
-325   -233   -317   -243
```

314 218
194 382
    344 0
480 140

b)
```
 708    518    773   1000
-258   -144   -206   -763
-106   -234   - 87   -237
```

3 Schreibe untereinander und rechne:

a) 843 − 251 − 362   Pz 5
759 − 342 − 195   Pz 6
907 − 433 − 365   Pz 10
792 − 205 − 347   Pz 6

b) 677 − 86 − 243   Pz 15
753 − 368 − 93   Pz 13
407 − 78 − 271   Pz 13
533 − 85 − 329   Pz 11

c) 873 − 356 − 76   Pz 9
756 − 88 − 206   Pz 12
375 − 93 − 189   Pz 12
482 − 246 − 87   Pz 14

4

An der Astrid-Lindgren-Schule wurde eine Fahrradkontrolle durchgeführt. Bei 124 Fahrrädern war die Beleuchtungsanlage defekt, bei 89 waren die Bremsen nicht in Ordnung. Insgesamt wurden 347 Fahrräder untersucht.   Pz 8

Im Juli hat der Fahrradhändler 68, im August schon 127 Fahrradhelme verkauft. Ende Juni waren noch 345 Helme vorrätig.   Pz 6

Heute morgen kamen an der Parkschule 314 Kinder mit dem Fahrrad. Nach der 4. Unterrichtsstunde fuhren 78, nach der 5. Stunde 194 Kinder nach Hause.   Pz 6

Die Schule in Waldenau wird von 189 Mädchen und von 176 Jungen besucht. Davon kommen 88 mit dem Fahrrad und 108 mit dem Bus. Die restlichen Kinder kommen zu Fuß.   Pz 16

Vielfache und Teiler

1 Ich komme alle zwei Wochen in den Hafen zurück! — Ich alle fünf Wochen! — Und ich alle sechs Wochen. — Wann sehen die drei sich wohl wieder?

2
a) Vielfache von 3: 3, 6, …, 81 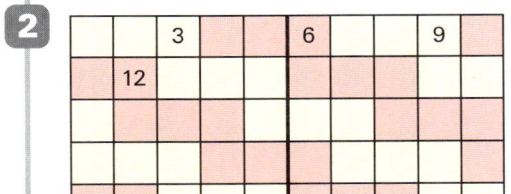
b) Vielfache von 6: 6, 12, …, 90
c) Vielfache von 9: 9, 18, …, 117
d) Vielfache von 12: 12, 24, …, 144

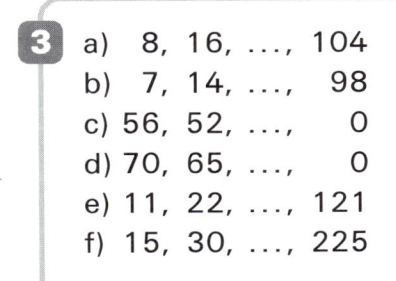

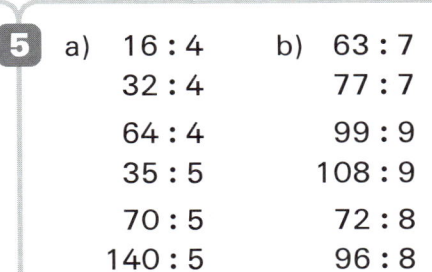

3
a) 8, 16, …, 104
b) 7, 14, …, 98
c) 56, 52, …, 0
d) 70, 65, …, 0
e) 11, 22, …, 121
f) 15, 30, …, 225

4
a) 5 · 9   b) 4 · 8
   10 · 9   8 · 8
   20 · 9   12 · 8
   4 · 7   8 · 6
   8 · 7   16 · 6
   16 · 7   24 · 6

5
a) 16 : 4   b) 63 : 7
   32 : 4   77 : 7
   64 : 4   99 : 9
   35 : 5   108 : 9
   70 : 5   72 : 8
   140 : 5   96 : 8

6 Zeichne Punktfelder
a) mit 12 Punkten,
b) mit 24 Punkten,
c) mit 28 Punkten.

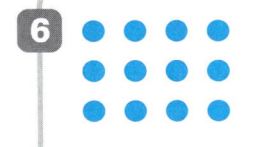

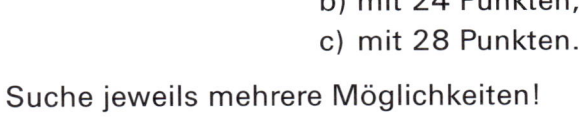

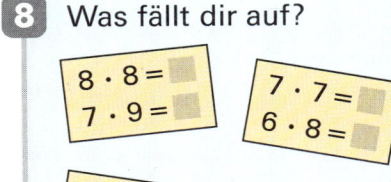

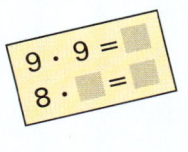

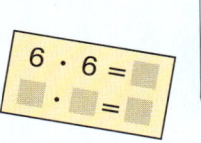

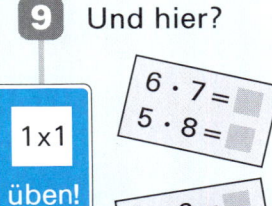

12 = 3 · 4   Suche jeweils mehrere Möglichkeiten!

Ich versuche es mit 13 Punkten!

7 Findest du alle Teiler?
a) 21
21 : 1 =
21 : 3 =
21 : 7 =
21 : 21 =

b) 49
49 : ☐ =
49 : ☐ =
49 : ☐ =

c) 28, 51, 31, 64, 57, 81, 29, 17, 42, 20

8 Was fällt dir auf?
8 · 8 =
7 · 9 =

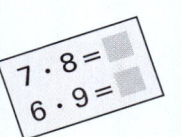

9 · 9 =
8 · ☐ =

7 · 7 =
6 · 8 =

6 · 6 =
☐ · ☐ =

5 · 5 =
4 · 6 =

4 · 4 =
☐ · ☐ =

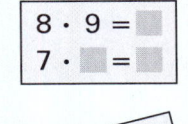

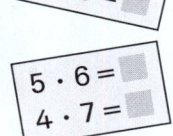

9 Und hier?

6 · 7 =
5 · 8 =

7 · 8 =
6 · 9 =

8 · 9 =
7 · ☐ =

5 · 6 =
4 · 7 =

9 · 10 =
8 · 11 =

4 · 5 =
☐ · ☐ =

1 × 1 üben!

Multiplizieren

1 Wie viele Kugeln?   Wie viele Plättchen?   Wie viele Würfel?

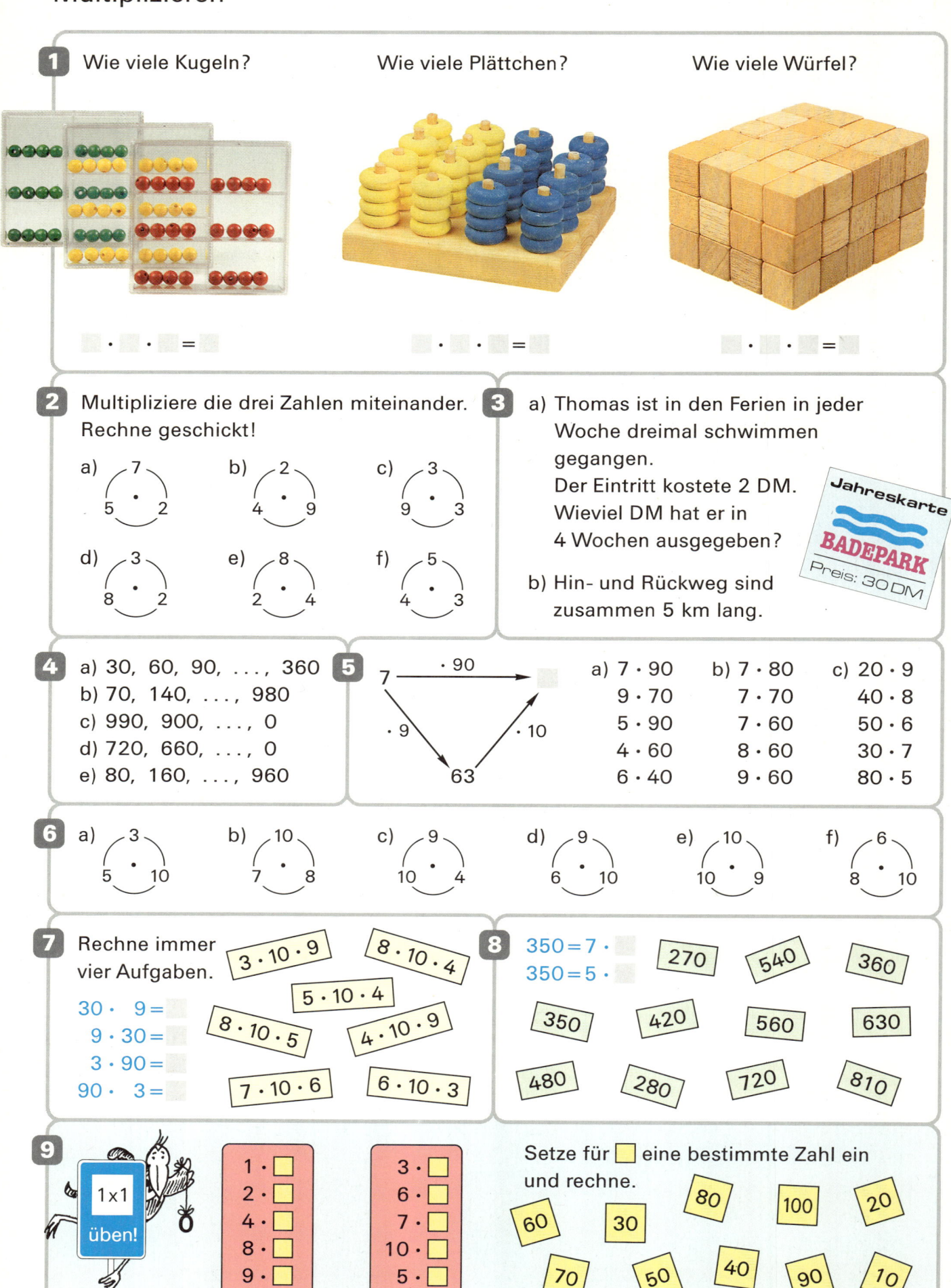

☐ · ☐ · ☐ = ☐   ☐ · ☐ · ☐ = ☐   ☐ · ☐ · ☐ = ☐

2 Multipliziere die drei Zahlen miteinander. Rechne geschickt!

a) 7, 5, 2
b) 2, 4, 9
c) 3, 9, 3
d) 3, 8, 2
e) 8, 2, 4
f) 5, 4, 3

3
a) Thomas ist in den Ferien in jeder Woche dreimal schwimmen gegangen. Der Eintritt kostete 2 DM. Wieviel DM hat er in 4 Wochen ausgegeben?

b) Hin- und Rückweg sind zusammen 5 km lang.

Jahreskarte BADEPARK Preis: 30 DM

4
a) 30, 60, 90, ..., 360
b) 70, 140, ..., 980
c) 990, 900, ..., 0
d) 720, 660, ..., 0
e) 80, 160, ..., 960

5 7 →·90→ ☐ ; ·9 ↘ ↙ ·10 ; 63

a) 7·90, 9·70, 5·90, 4·60, 6·40
b) 7·80, 7·70, 7·60, 8·60, 9·60
c) 20·9, 40·8, 50·6, 30·7, 80·5

6
a) 3, 5, 10
b) 10, 7, 8
c) 9, 10, 4
d) 9, 6, 10
e) 10, 10, 9
f) 6, 8, 10

7 Rechne immer vier Aufgaben.

30 · 9 = ☐
9 · 30 = ☐
3 · 90 = ☐
90 · 3 = ☐

3·10·9   8·10·4   5·10·4   8·10·5   4·10·9   7·10·6   6·10·3

8
350 = 7 · ☐
350 = 5 · ☐

270   540   360   350   420   560   630   480   280   720   810

9 1x1 üben!

1·☐
2·☐
4·☐
8·☐
9·☐

3·☐
6·☐
7·☐
10·☐
5·☐

Setze für ☐ eine bestimmte Zahl ein und rechne.

60   30   80   100   20   70   50   40   90   10

Dividieren und multiplizieren

1

a) An einer Sonderfahrt der Bundesbahn nehmen 480 Personen teil. Jedes Zugabteil hat 6 Plätze.
Wieviel Abteile sind besetzt?
Pz 8

b) Wie viele Busse mit 60 Sitzplätzen müssen eingesetzt werden, um 480 Personen zu befördern?
Pz 8

c) In einem PKW finden 4 oder 5 Personen Platz.
Pz 3; 15

2 $42:6=\square$

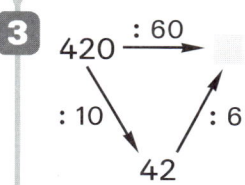

a) 420 : 6
480 : 6
320 : 4
240 : 4
240 : 8

b) 270 : 3
560 : 7
720 : 9
640 : 8
450 : 5

3 420 $\xrightarrow{:60}$ $\square$; : 10 ↓ ↘ : 6 ; 42

a) 420 : 60
240 : 60
350 : 50
320 : 40
320 : 80

b) 270 : 30
490 : 70
630 : 90
720 : 80
550 : 50

4 Rechne immer vier Aufgaben.

270 : 3   630 : 7
560 : 80   400 : 50
360 : 4   480 : 60

630 : 7 =
630 : 9 =
630 : 70 =
630 : 90 =

5
a) 120 : ▮ = 30
180 : ▮ = 9
240 : ▮ = 8
320 : ▮ = 40
360 : ▮ = 6
400 : ▮ = 80

b) 5 · ▮ = 450
▮ · 60 = 240
▮ · 7 = 350
80 · ▮ = 480
10 · ▮ = 900
▮ · 9 = 810

6 
a) Eine kleine Ansichtskarte kostet 40 Pf. Petra kauft 3 Karten, ihr Bruder Oliver 6 Karten.

b) Herr Bergmann kauft 4 große Ansichtskarten. Er muß 3,60 DM bezahlen.

c) Frau Bachmann hat 5 kleine Karten und 3 große Karten ausgesucht.

7
a) 8 · 60 Pf
6 · 70 Pf
7 · 80 Pf
9 · 30 Pf

b) 5 · 0,90 DM
4 · 0,60 DM
8 · 0,40 DM
6 · 0,70 DM

c) 1,60 DM : 8
2,70 DM : 3
3,60 DM : 4
4,50 DM : 5

d) 7,20 DM : 8
6,30 DM : 9
4,80 DM : 6
5,60 DM : 7

e) 4,20 DM : 4
5,40 DM : 5
8,80 DM : 8
7,20 DM : 6

8 Die Entfernung von Düsseldorf nach Hamburg beträgt 450 km. Herr Müller fuhr um 8 Uhr mit seinem PKW ab und legte in einer Stunde 90 km zurück. Er überlegt, ob er das nächste Mal mit dem Zug fährt.

Düsseldorf Hbf ab	Zug	Hamburg Hbf an
7.33	IC 735	11.06
8.13	D 2333	12.06
8.33	IC 737	12.06
9.33	IC 739	13.06

Halbschriftliches Multiplizieren und Dividieren

1 Peter hat 8 Wagen gezählt, jeder hat 12 Abteile.

a) Wieviel Abteile sind es insgesamt?
b) Wieviel Sitzplätze sind es zusammen?
c) Die Hälfte der Sitzplätze ist besetzt.
d) Die Lok ist 19 m lang und jeder Wagen ungefähr 26 m.

8 · 12 =
8 · 10 =
8 · 2 =

2
a) 9 · 12
5 · 23
4 · 36
6 · 11

b) 7 · 15
9 · 14
17 · 8
49 · 4

c) 3 · 67
9 · 84
38 · 6
55 · 5

3 (6 · 20 = 120; 5 · 40 = □ ...)
a) 6 · 19
5 · 39
59 · 7
79 · 4

b) 6 · 18
5 · 38
58 · 7
78 · 4

4
7 · 64 =
420 + 28 =

a) 7 · 64
3 · 96
6 · 96
4 · 83

b) 9 · 17
5 · 43
86 · 4
43 · 8

c) 84 · 6
36 · 8
6 · 47
6 · 94

d) 8 · 46
5 · 39
16 · 8
32 · 8

(320; 48; 368)

e) 5 · 33
3 · 55
6 · 44
4 · 66

5 In jeder Gondel haben 4 Personen Platz.

a) Wie viele Gondeln werden für 92 Personen benötigt?

92 : 4 =
80 : 4 =
12 : 4 =

b) Wie viele Gondeln braucht man für 75 Personen?

75 : 4 =   R
40 : 4 =
35 : 4 =   R

6 Aufgaben ohne Rest:
a) 68 : 4
90 : 5
42 : 3
84 : 6

b) 96 : 8
98 : 7
85 : 5
99 : 9

c) 78 : 2
66 : 3
72 : 4
81 : 3

7 Aufgaben mit und ohne Rest:
a) 38 : 3
54 : 5
78 : 6
63 : 4

b) 99 : 8
95 : 6
79 : 4
84 : 7

c) 86 : 2
92 : 4
76 : 5
98 : 9

8
602 : 7 =
560 : 7 =
42 : 7 =

a) 602 : 7
185 : 5
285 : 3
576 : 9

b) 188 : 2
432 : 6
208 : 8
693 : 1

9
a) 155 : 4
446 : 7
282 : 6
159 : 8

b) 229 : 3
272 : 5
611 : 9
347 : 7

c) 252 : 8
283 : 9
190 : 6
159 : 5

10
a) 110 : 9 =
220 : 9 =
440 : 9 =

b) 97 : 8 =
194 : 8 =
388 : 8 =

c) ▢ : 5 = 22 R 1
▢ : 5 = 44 R 2
▢ : 5 = 88 R 4

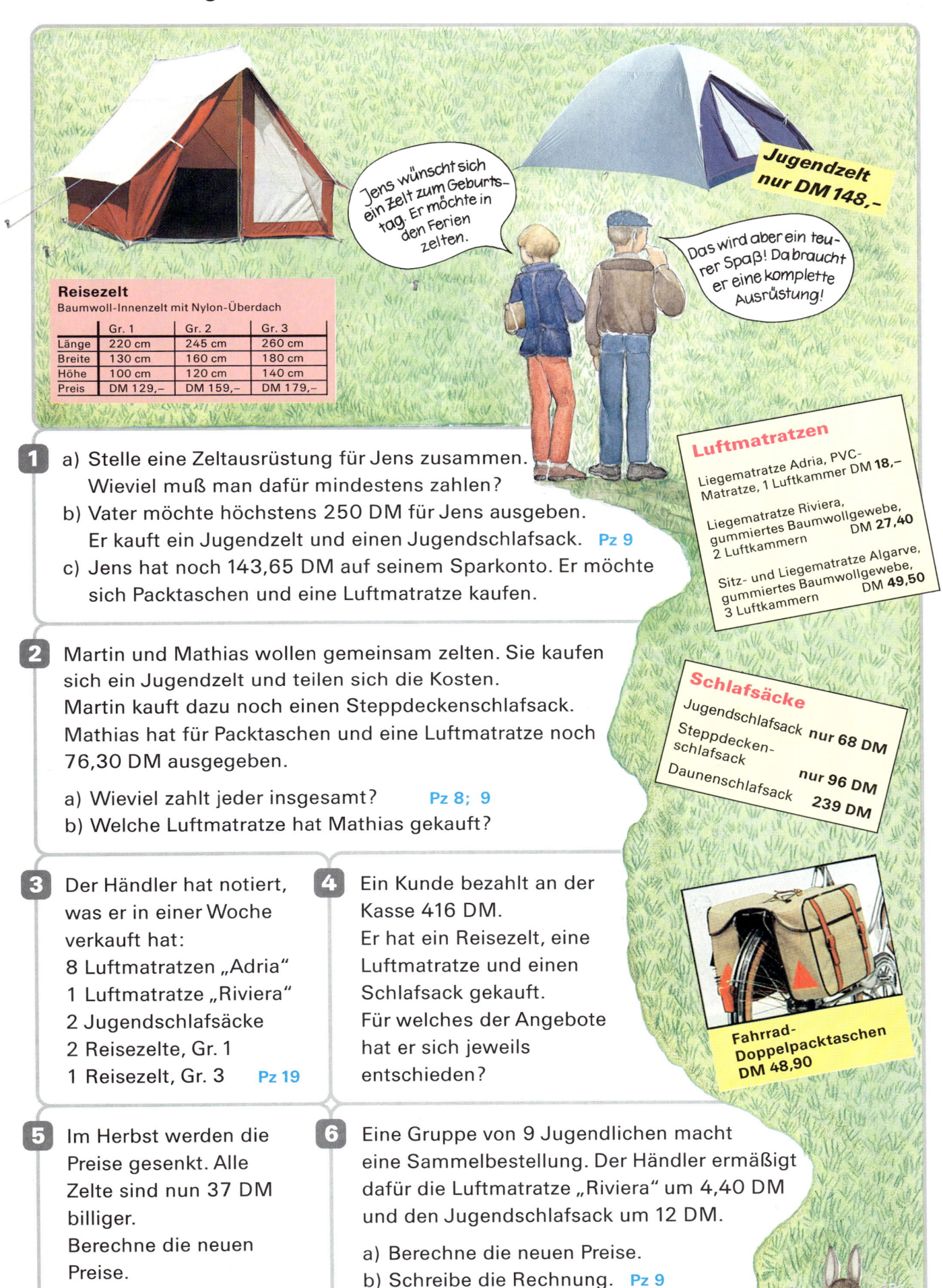

Zeltausrüstung

Jens: Jens wünscht sich ein Zelt zum Geburtstag. Er möchte in den Ferien zelten.

Vater: Das wird aber ein teurer Spaß! Da braucht er eine komplette Ausrüstung!

Jugendzelt nur DM 148,–

Reisezelt
Baumwoll-Innenzelt mit Nylon-Überdach

	Gr. 1	Gr. 2	Gr. 3
Länge	220 cm	245 cm	260 cm
Breite	130 cm	160 cm	180 cm
Höhe	100 cm	120 cm	140 cm
Preis	DM 129,–	DM 159,–	DM 179,–

Luftmatratzen

Liegematratze Adria, PVC-Matratze, 1 Luftkammer **DM 18,–**

Liegematratze Riviera, gummiertes Baumwollgewebe, 2 Luftkammern **DM 27,40**

Sitz- und Liegematratze Algarve, gummiertes Baumwollgewebe, 3 Luftkammern **DM 49,50**

Schlafsäcke

Jugendschlafsack **nur 68 DM**

Steppdeckenschlafsack **nur 96 DM**

Daunenschlafsack **239 DM**

Fahrrad-Doppelpacktaschen DM 48,90

1
a) Stelle eine Zeltausrüstung für Jens zusammen. Wieviel muß man dafür mindestens zahlen?
b) Vater möchte höchstens 250 DM für Jens ausgeben. Er kauft ein Jugendzelt und einen Jugendschlafsack. Pz 9
c) Jens hat noch 143,65 DM auf seinem Sparkonto. Er möchte sich Packtaschen und eine Luftmatratze kaufen.

2 Martin und Mathias wollen gemeinsam zelten. Sie kaufen sich ein Jugendzelt und teilen sich die Kosten.
Martin kauft dazu noch einen Steppdeckenschlafsack. Mathias hat für Packtaschen und eine Luftmatratze noch 76,30 DM ausgegeben.

a) Wieviel zahlt jeder insgesamt? Pz 8; 9
b) Welche Luftmatratze hat Mathias gekauft?

3 Der Händler hat notiert, was er in einer Woche verkauft hat:
8 Luftmatratzen „Adria"
1 Luftmatratze „Riviera"
2 Jugendschlafsäcke
2 Reisezelte, Gr. 1
1 Reisezelt, Gr. 3   Pz 19

4 Ein Kunde bezahlt an der Kasse 416 DM.
Er hat ein Reisezelt, eine Luftmatratze und einen Schlafsack gekauft.
Für welches der Angebote hat er sich jeweils entschieden?

5 Im Herbst werden die Preise gesenkt. Alle Zelte sind nun 37 DM billiger.
Berechne die neuen Preise.

6 Eine Gruppe von 9 Jugendlichen macht eine Sammelbestellung. Der Händler ermäßigt dafür die Luftmatratze „Riviera" um 4,40 DM und den Jugendschlafsack um 12 DM.

a) Berechne die neuen Preise.
b) Schreibe die Rechnung. Pz 9

Große Zahlen

Die Erde hat einen Umfang von ungefähr 40 000 km.

In einem Bienenvolk leben 20 000 bis 70 000 Arbeitsbienen.

Ein Blauwal wiegt 100 000 kg.

Auf dem Kopf sind 100 000 Haare.

Eine Biene macht in einer Minute über 10 000 Flügelschläge.

1 kg Reis hat 50 000 Körner.

Auf der Erde leben ungefähr 5 300 000 000 Menschen, in der Bundesrepublik Deutschland sind es etwa 79 Millionen.

Die Entfernung von der Erde zum Mond beträgt etwa 400 000 km. Wenn man ununterbrochen gehen würde, könnte man die Strecke in ungefähr 11 Jahren zurücklegen.

Ein Lichtstrahl legt in der Sekunde 330 000 km zurück. Von der Sonne bis zur Erde braucht er über 8 Minuten.

Die Bundesländer

- SCHLESWIG-HOLSTEIN 2 600 000 — Kiel
- MECKLENBURG-VORPOMMERN 1 900 000 — Schwerin
- BREMEN 700 000
- HAMBURG 1 700 000
- NIEDERSACHSEN 7 500 000 — Hannover
- BRANDENBURG 2 500 000
- SACHSEN-ANHALT 2 800 000 — Magdeburg
- BERLIN 3 400 000 — Potsdam
- NORDRHEIN-WESTFALEN 17 500 000 — Düsseldorf, Bonn
- HESSEN 5 800 000 — Wiesbaden
- THÜRINGEN 2 600 000 — Erfurt
- SACHSEN 4 700 000 — Dresden
- RHEINLAND-PFALZ 3 800 000 — Mainz
- SAARLAND 1 100 000 — Saarbrücken
- BAYERN 11 600 000 — München
- BADEN-WÜRTTEMBERG 10 000 000 — Stuttgart

Stand: 1. 1. 1992

1	eins
10	zehn
100	(ein)hundert
1 000	(ein)tausend
10 000	zehntausend
100 000	(ein)hunderttausend
1 000 000	eine Million
10 000 000	zehn Millionen
100 000 000	(ein)hundert Millionen
1 000 000 000	eine Milliarde

Lebensdauer (bis etwa)

Stubenfliege	70 Tage
Meerschweinchen	7 Jahre
Gartenschnecke	9 Jahre
Regenwurm	10 Jahre
Hauskatze	16 Jahre
Haushund	20 Jahre
Elefant	70 Jahre
Karpfen	80 Jahre
Riesenschildkröte	180 Jahre

Ein Kind fragte: „Wie lange dauert die Ewigkeit?" Ein weiser Mann antwortete: „Alle 1 000 Jahre kommt ein kleiner Vogel zum höchsten Berg der Welt und wetzt dort seinen Schnabel. Wenn der Vogel den ganzen Berg abgewetzt hat, dann ist eine Sekunde der Ewigkeit vorbei."

So alt können Bäume werden:

Birke	ungefähr 100 Jahre
Rotbuche	250 Jahre
Tanne, Fichte	600 Jahre
Eiche	700 Jahre
Ölbaum	2 000 Jahre
Mammutbaum	6 000 Jahre

Tausenderzahlen

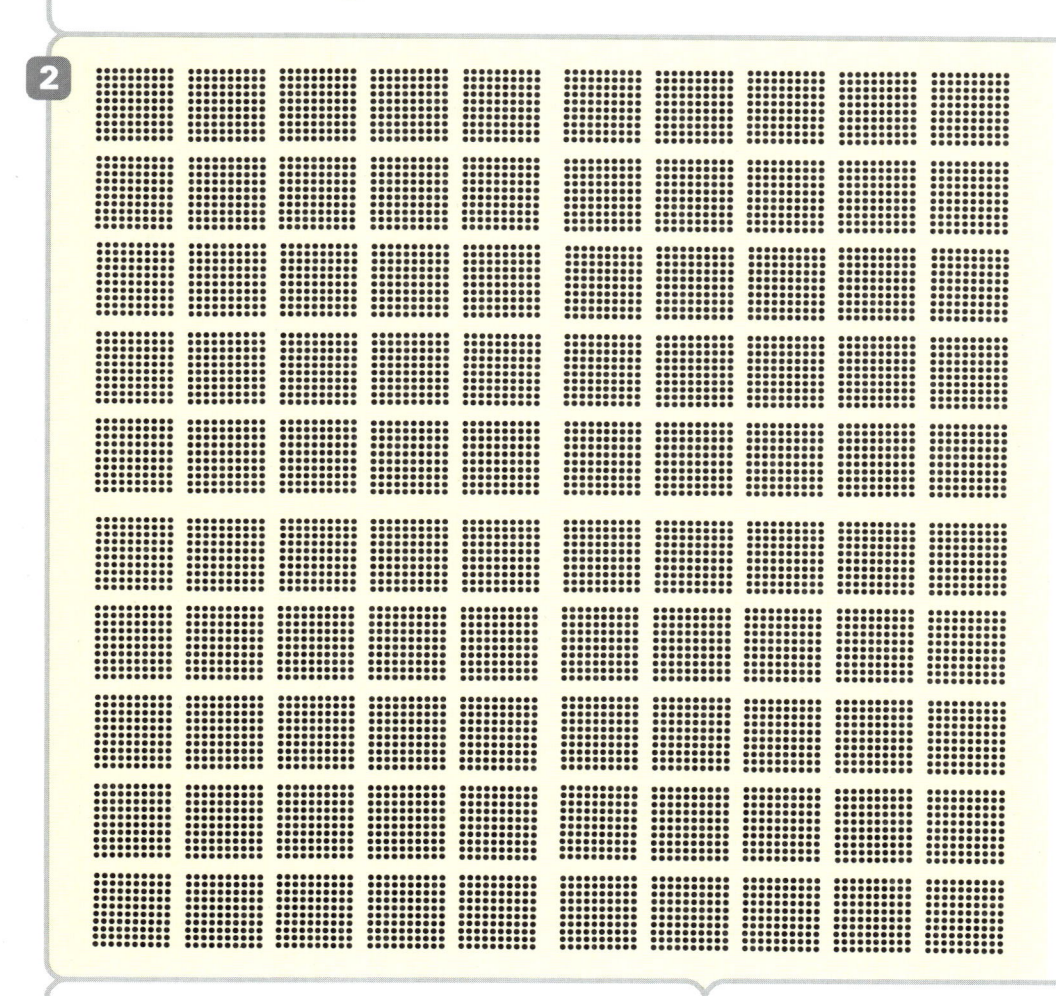

1

2 Zeige am Zehntausenderfeld durch Abdecken

a) 1 000, 2 000, 5 000, 7 000;

b) das Doppelte von 1 000, 2 000, 3 000, 4 000, 5 000;

c) die Hälfte von 8 000, 6 000, 2 000, 4 000, 10 000;

d) 1 500, 3 500, 4 100, 5 400, 8 800, 9 900.

3

5 + 3

5 + 3 =
50 + 30 =
500 + 300 =
5 000 + 3 000 =

5 + 2	1 + 7
6 + 3	5 + 5
8 + 1	2 + 7
3 + 5	4 + 4
4 + 3	1 + 5

4

6 − 4

6 − 4 =
60 − 40 =
600 − 400 =
6 000 − 4 000 =

8 − 3	7 − 5
5 − 2	9 − 8
7 − 1	8 − 6
6 − 3	7 − 3
9 − 4	10 − 6

Zahlen bis 10 000

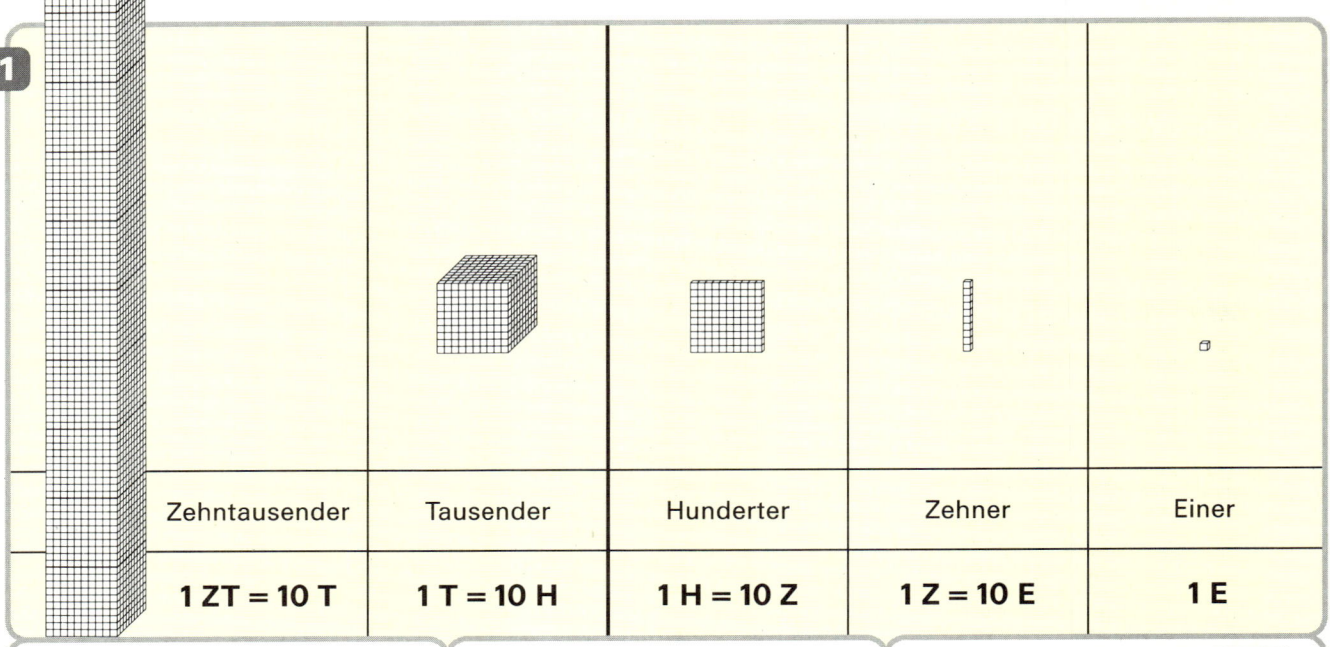

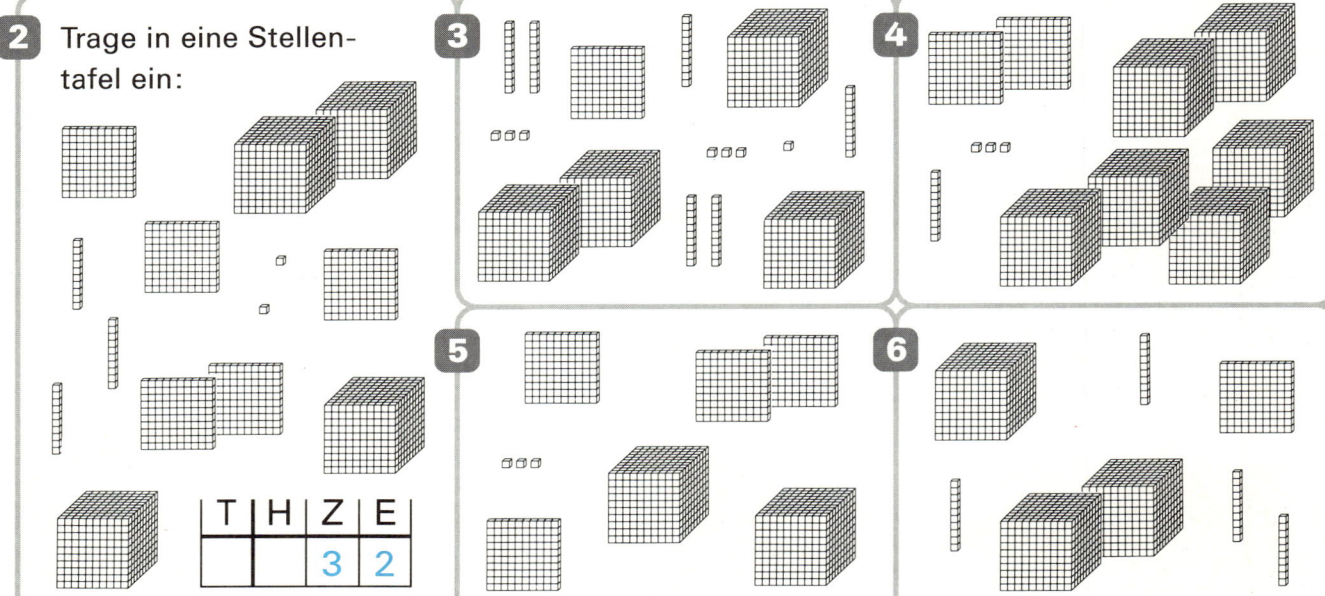

1

Zehntausender	Tausender	Hunderter	Zehner	Einer
1 ZT = 10 T	1 T = 10 H	1 H = 10 Z	1 Z = 10 E	1 E

2 Trage in eine Stellentafel ein:

T	H	Z	E
		3	2

3

4

5

6

7 Zerlege:

2 473 = 2 T + 4 H + 7 Z + 3 E

a) 2 473   b) 6 488   c) 4 260
   6 791   7 753   3 708
   8 252   8 662   8 091
   7 914   9 999   9 006

8 Lies die Zahlen. Schreibe sie dann ohne Stellentafel ins Heft:

a)
T	H	Z	E
2	8	1	4
3	7	5	9
8	1	6	5

b)
T	H	Z	E
3	0	6	4
9	8	7	0
7	9	0	8

9 Lies die Zahlen. Schreibe sie dann mit Ziffern ins Heft:

achttausenddreihundertvierundzwanzig
dreitausendvierhundertsiebzig
fünftausenddreihunderteinundsechzig
viertausendfünfhundertacht
sechstausendneunhundertneunzig

10 Diktiere deinem Nachbarn diese Zahlen:

a) 2 756   b) 6 755   c) 9 010
   3 485   8 331   4 003
   1 679   9 974   8 787
   4 623   7 666   7 698
   1 248   5 553   9 669

Zeigen – ordnen – rechnen

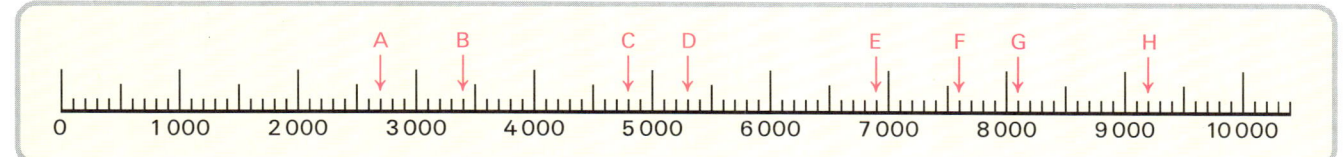

1 a) Zeige am Zahlenstrahl: 2 000   6 000   8 000   9 000   5 000   3 500
                                                4 200   9 900   5 400   7 100   8 400   6 700

b) Zeige noch andere Zahlen.

c) Wie heißen die Zahlen mit den Pfeilen? Schreibe sie mit Ziffern und mit Zahlwörtern. A: 2 700 = zweitausendsiebenhundert

2 Setze die Zahlenfolgen fort:

a) 1 100, 1 200, 1 300, …, 2 100
b) 4 500, 5 000, 5 500, …, 10 000
c) 3 200, 3 100, 3 000, …, 2 200
d) 3 000, 2 800, 2 600, …, 1 000
e) 3 900, 3 600, 3 300, …, 900

3 Größer oder kleiner?

a) 2 000 < 3 000   b) 5 600 ☐ 6 500
   9 000 ☐ 8 000   8 900 ☐ 9 800
   7 000 ☐ 5 000   2 100 ☐ 1 200
   6 000 ☐ 9 000   8 700 ☐ 7 800
   4 000 ☐ 3 000   4 500 ☐ 5 400

4

1 200	10 000	6 100	7 400
2 100	5 000	4 300	8 200
3 900	8 500	9 400	1 900
5 100	3 500	4 000	1 000

Überprüfe diese Zahlen:

a) Welche Zahlen sind größer als 5 000?
b) Welche Zahlen sind kleiner als 4 000?
c) Welche Zahlen sind größer als 3 500 und kleiner als 7 500?
d) Bilde weitere Aufgaben.

5 Ein Päckchen darf höchstens 2 000 g wiegen. Dieses wiegt bis jetzt 1 100 g.

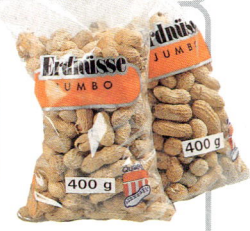

6 a) 3 600 + ☐ = 4 000   b) 2 800 + 500
    8 700 + ☐ = 9 000   5 900 + 600
    4 200 + ☐ = 5 000   7 400 + 700
    6 100 + ☐ = 7 000   8 700 + 900
    5 400 + ☐ = 6 000   6 500 + 800

7 a) 6 000 – 300   b) 5 200 – 400
    9 000 – 200   7 100 – 600
    4 000 – 700   3 500 – 800
    8 000 – 900   2 300 – 700
   10 000 – 800   9 400 – 500

8 Mehr als 5 000 g möchte ich nicht tragen!

(3 000 g, 2 500 g, 2 300 g, 1 400 g)

9 a) 4 300 + 2 500   b) 8 600 – 2 400
    3 600 + 4 200   7 500 – 3 200
    5 800 + 2 400   6 200 – 4 300
    3 900 + 1 600   8 100 – 2 400
    2 400 + 6 700   9 300 – 5 700
    4 600 + 3 800   7 600 – 3 800

Zeigen – ordnen – rechnen

```
     A    B    C        D       E       F       G       H
2 500    2 600                3 000  3 100                      3 500
```

1 a) Zeige am Zahlenstrahl: 2 600   2 610   2 650   2 720   2 860   2 890
   2 980   2 990   3 050   3 260   3 320   3 470

b) Schreibe die „Pfeilzahlen" mit Ziffern und mit Zahlwörtern.

c) Zeige noch andere Zahlen und schreibe sie auf.

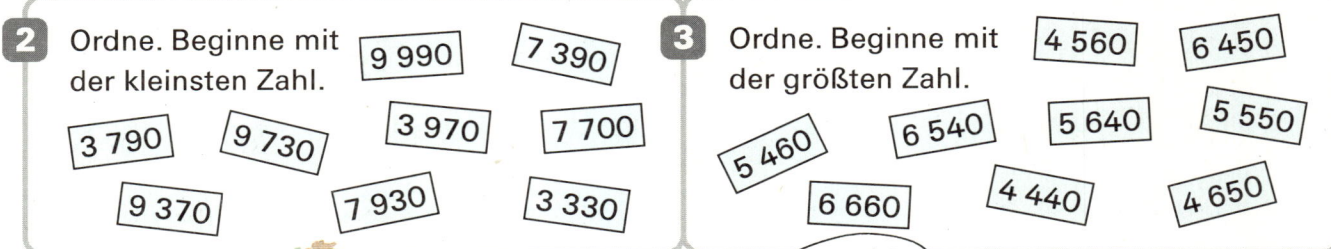

2 Ordne. Beginne mit der kleinsten Zahl.
9 990   7 390   3 790   9 730   3 970   7 700   9 370   7 930   3 330

3 Ordne. Beginne mit der größten Zahl.
4 560   6 450   5 460   6 540   5 640   5 550   6 660   4 440   4 650

4 Vergleiche.

Nicole: Ich habe beim Sportfest 1 270 Punkte erreicht.

Daniel: Ich habe 60 Punkte weniger als Bianca.

Bianca: Ich habe 1 340 Punkte.

Fabian: Ich habe 60 Punkte mehr als Nicole.

5 Ergänze zum nächsten Tausender:
2 980 + 20 = 3 000

2 980   6 920   3 970   4 910
5 940   8 990   9 930   6 960

6 Subtrahiere vom Tausender:
3 000 − 40 = 2 960

3 000   7 000   4 000
9 000   5 000   10 000

a) immer − 40
b) immer − 50
c) immer − 80

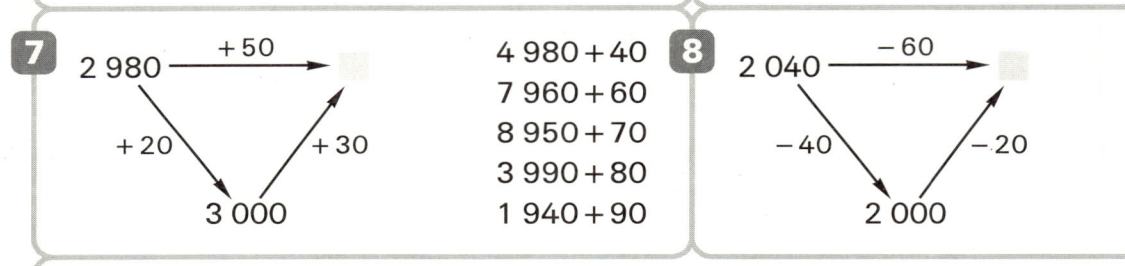

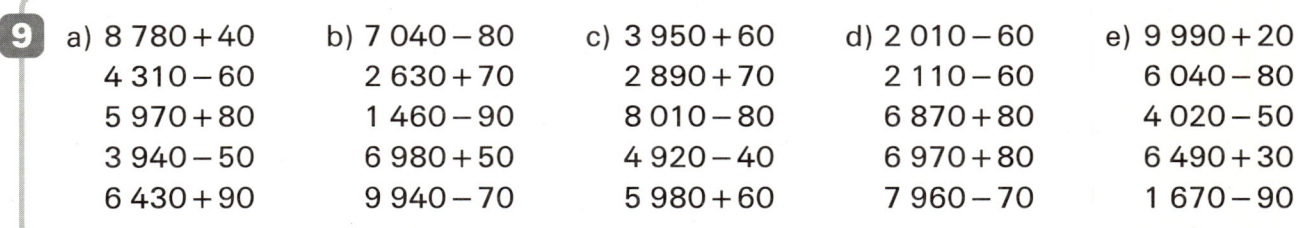

7 2 980 →+50→ ☐
   +20 ↘   ↗ +30
      3 000

4 980 + 40
7 960 + 60
8 950 + 70
3 990 + 80
1 940 + 90

8 2 040 →−60→ ☐
   −40 ↘   ↗ −20
      2 000

1 050 − 70
5 030 − 80
3 010 − 50
6 040 − 90
4 020 − 60

9 a) 8 780 + 40   b) 7 040 − 80   c) 3 950 + 60   d) 2 010 − 60   e) 9 990 + 20
   4 310 − 60   2 630 + 70   2 890 + 70   2 110 − 60   6 040 − 80
   5 970 + 80   1 460 − 90   8 010 − 80   6 870 + 80   4 020 − 50
   3 940 − 50   6 980 + 50   4 920 − 40   6 970 + 80   6 490 + 30
   6 430 + 90   9 940 − 70   5 980 + 60   7 960 − 70   1 670 − 90

10 In der Bücherei sind 2 840 Bücher.

a) 60 Bücher sind beschädigt und werden aussortiert.   Pz 17
b) Dann werden 80 neue Bücher gekauft.   Pz 16
c) Im nächsten Jahr sind 2 900 Bücher in der Bücherei.   Pz 4

Zeigen – ordnen – rechnen

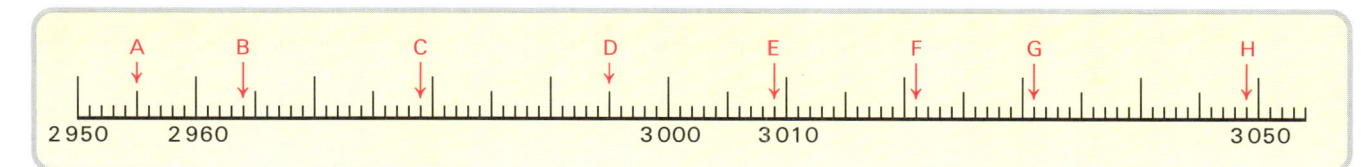

```
    A      B         C          D          E       F      G              H
    ↓      ↓         ↓          ↓          ↓       ↓      ↓              ↓
|||||||||||||||||||||||||||||||||||||||||||||||||||||||||||||||||||||||||||
2950    2960                3000       3010                           3050
```

1 a) Zeige am Zahlenstrahl: 2 970   2 985   2 991   2 998   3 004   3 026
                                3 037   3 043   2 971   3 023   3 044   2 989

b) Schreibe die „Pfeilzahlen" mit Ziffern und mit Zahlwörtern.

c) Zeige noch andere Zahlen und schreibe sie auf.

2 Vorgänger und Nachfolger

2 985	**2 986**	2 987
2 881	2 999	3 009
6 499	7 001	9 899

3 Nachbarzehner

2 950	**2 952**	2 960
2 964	2 978	3 026
4 670	9 994	8 008

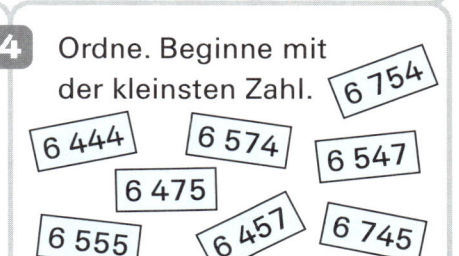

4 Ordne. Beginne mit der kleinsten Zahl.

6 754   6 444   6 574   6 547   6 475   6 555   6 457   6 745

5 Mein Kilometerstand ist 8 980 km.

Nordhofen 30 km
Meisenheim 45 km
Heimbach   15 km
Schwanfeld 25 km

6 Ergänze zum nächsten Tausender:

2 985 + 15 = 3 000

2 985	6 925	3 965	4 915
5 982	8 948	9 912	6 909

7 Subtrahiere vom Tausender:

3 000 − 45 = 2 955

3 000	8 000	4 000
9 000	6 000	10 000

a) immer − 45
b) immer − 26
c) immer − 87

8 2 980 —+52→ ... ←+32— 3 000 ←+20— 2 980

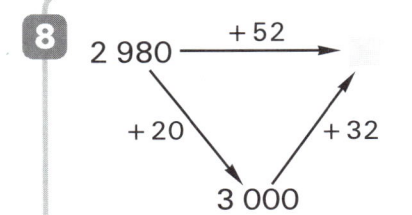

4 980 + 43
7 970 + 65
8 950 + 72
3 967 + 80
1 949 + 70

9 2 040 —−63→ ... ←−23— 2 000 ←−40— 2 040

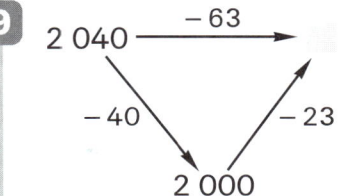

1 050 − 73
5 070 − 86
3 040 − 54
6 032 − 50
4 048 − 60

10
a) 6 940 + 72   b) 9 056 − 80   c) 2 946 + 70   d) 6 050 − 73   e) 5 976 + 80
   2 932 + 90   7 980 + 73   5 028 − 60   8 921 + 90   3 019 − 90
   7 024 − 40   6 010 − 66   4 920 + 97   7 049 + 80   4 990 + 71
   2 060 − 97   8 960 + 92   3 070 − 88   9 020 − 68   8 052 − 60

11 Mit diesen Würfelzahlen kann man 24 vierstellige Zahlen bilden: 5 143, ...

a) Schreibe alle Zahlen auf.
b) Ordne sie nach der Größe.
c) Würfle andere Zahlen.

...993, 994, 995, 996, 997, 998, 999, oh...

Multiplizieren

1 "Ich habe das Zehnfache!" ... "...und ich das Hundertfache!"

$23 \xrightarrow{\cdot 10} 230$

$23 \xrightarrow{\cdot 100} 2300$, $\cdot 10 \rightarrow 230 \xrightarrow{\cdot 10}$

2 Multipliziere mit 10.

| 12 | 24 | 57 | 81 | 99 |
| 136 | 257 | 701 | 890 | 933 |

3 Multipliziere mit 100.

| 14 | 21 | 35 | 40 | 57 |
| 63 | 72 | 86 | 88 | 90 |

4

5 · ☐ = ☐   ☐ · ☐ = ☐   ☐ · ☐ = ☐

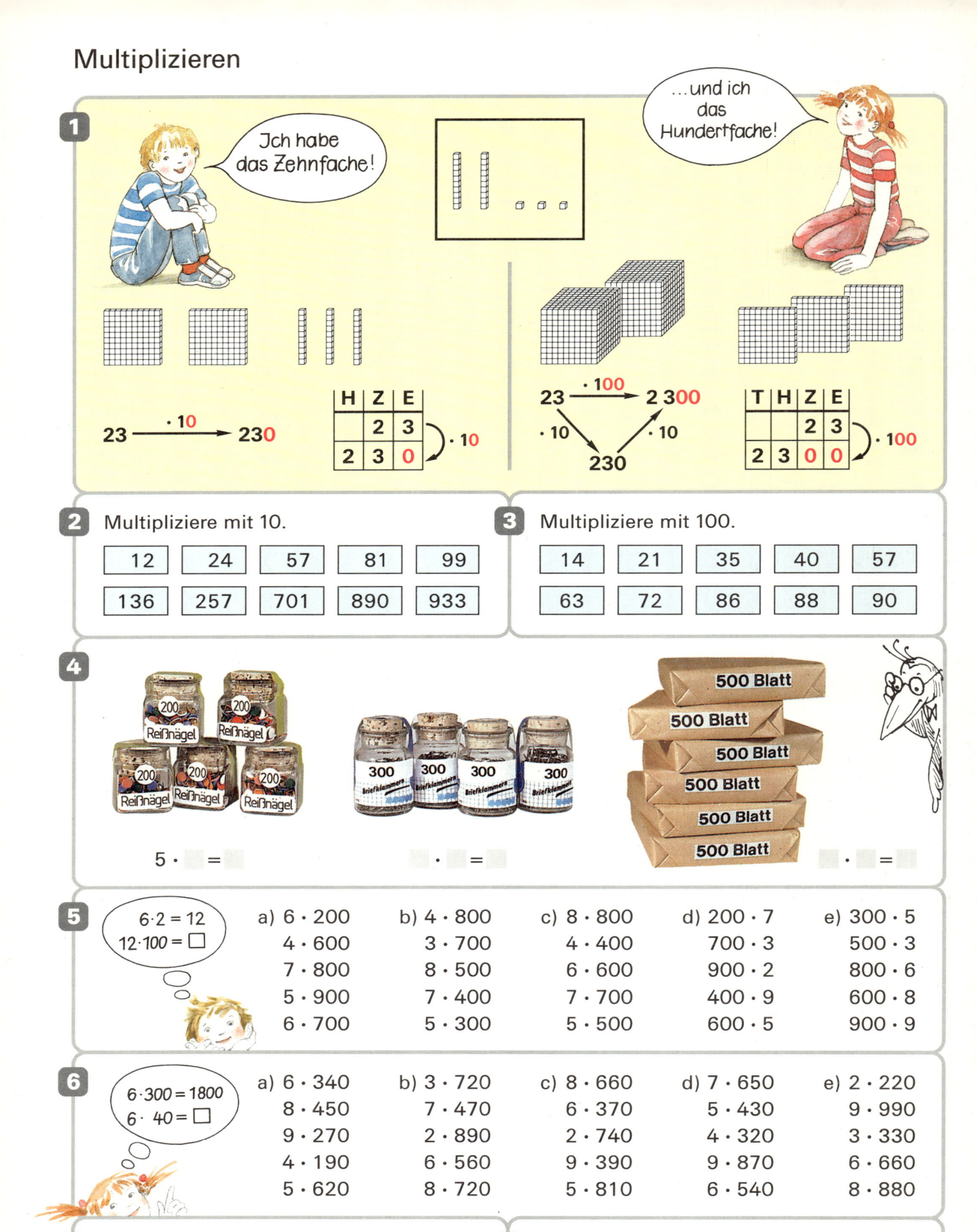

5 6·2 = 12 ; 12·100 = ☐

a) 6 · 200
   4 · 600
   7 · 800
   5 · 900
   6 · 700

b) 4 · 800
   3 · 700
   8 · 500
   7 · 400
   5 · 300

c) 8 · 800
   4 · 400
   6 · 600
   7 · 700
   5 · 500

d) 200 · 7
   700 · 3
   900 · 2
   400 · 9
   600 · 5

e) 300 · 5
   500 · 3
   800 · 6
   600 · 8
   900 · 9

6 6·300 = 1800 ; 6·40 = ☐

a) 6 · 340
   8 · 450
   9 · 270
   4 · 190
   5 · 620

b) 3 · 720
   7 · 470
   2 · 890
   6 · 560
   8 · 720

c) 8 · 660
   6 · 370
   2 · 740
   9 · 390
   5 · 810

d) 7 · 650
   5 · 430
   4 · 320
   9 · 870
   6 · 540

e) 2 · 220
   9 · 990
   3 · 330
   6 · 660
   8 · 880

7 Die Laufbahn um den Sportplatz ist 400 m lang. Heike läuft 3 Runden, dann macht sie eine Pause. Danach läuft sie weitere 5 Runden. Pz 5

8 Beim Sportfest müssen Erwachsene 6 DM Eintritt bezahlen, Kinder die Hälfte. Für Erwachsene wurden 720 Karten verkauft, für Kinder 450. Pz 18

Dividieren

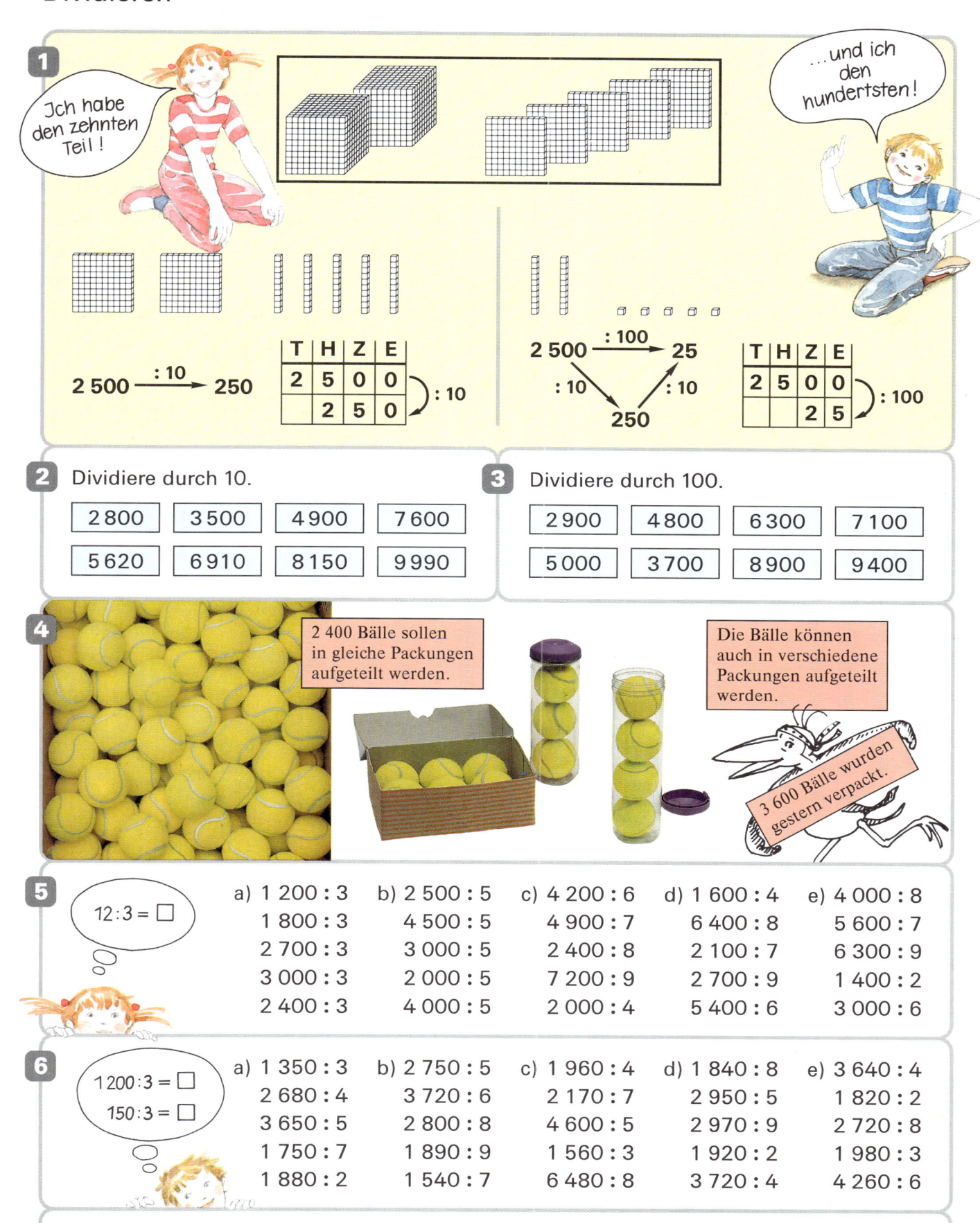

1 "Ich habe den zehnten Teil!" "...und ich den hundertsten!"

2 500 : 10 → 250

T	H	Z	E
2	5	0	0
	2	5	0

: 10

2 500 : 100 → 25
: 10 ↘ ↗ : 10
250

T	H	Z	E
2	5	0	0
		2	5

: 100

2 Dividiere durch 10.

| 2 800 | 3 500 | 4 900 | 7 600 |
| 5 620 | 6 910 | 8 150 | 9 990 |

3 Dividiere durch 100.

| 2 900 | 4 800 | 6 300 | 7 100 |
| 5 000 | 3 700 | 8 900 | 9 400 |

4 2 400 Bälle sollen in gleiche Packungen aufgeteilt werden.

Die Bälle können auch in verschiedene Packungen aufgeteilt werden.

3 600 Bälle wurden gestern verpackt.

5 12 : 3 = ☐

a) 1 200 : 3	b) 2 500 : 5	c) 4 200 : 6	d) 1 600 : 4	e) 4 000 : 8
1 800 : 3	4 500 : 5	4 900 : 7	6 400 : 8	5 600 : 7
2 700 : 3	3 000 : 5	2 400 : 8	2 100 : 7	6 300 : 9
3 000 : 3	2 000 : 5	7 200 : 9	2 700 : 9	1 400 : 2
2 400 : 3	4 000 : 5	2 000 : 4	5 400 : 6	3 000 : 6

6 1 200 : 3 = ☐
150 : 3 = ☐

a) 1 350 : 3	b) 2 750 : 5	c) 1 960 : 4	d) 1 840 : 8	e) 3 640 : 4
2 680 : 4	3 720 : 6	2 170 : 7	2 950 : 5	1 820 : 2
3 650 : 5	2 800 : 8	4 600 : 5	2 970 : 9	2 720 : 8
1 750 : 7	1 890 : 9	1 560 : 3	1 920 : 2	1 980 : 3
1 880 : 2	1 540 : 7	6 480 : 8	3 720 : 4	4 260 : 6

7 a) In der Sporthalle sind 2 400 Zuschauer. Der vierte Teil davon sind Jugendliche.
b) Die Hälfte der Erwachsenen ist mit dem Auto gekommen, der dritte Teil mit Omnibussen, der Rest zu Fuß.
c) Der achte Teil aller Zuschauer bekam ermäßigte Eintrittskarten.

Schriftliches Addieren und Subtrahieren

1 EISENBAHN-AUSSTELLUNG

Öffnungszeiten: Eintritt...

Der Riesenerfolg!
1. Tag 5983 Besucher
2. Tag 3897 Besucher
3. Tag ___ Besucher

"Das sind nach zwei Tagen fast 10 000 Besucher."

T	H	Z	E
5	9	8	3
+3	8	9	7
		1	
			0

2 a) 4 238   3 129   2 367
       +2 814   +4 534   +5 479

(Lösungen: 7 052, 8 567, 8 054, 8 355, 7 846, 7 663)

b) 5 873   4 308   6 457
   +2 694   +3 746   +1 898

3 Schreibe untereinander und addiere:

a) 2 645 + 3 192   Pz 23
   943 + 5 263   Pz 14
   4 061 + 2 618   Pz 28

b) 6 074 + 1 187 + 586   Pz 26
   3 153 + 3 679 + 3 168   Pz 1
   9 130 + 825 + 26   Pz 27

c) 819 + 7 412 + 1 627   Pz 30
   968 + 4 687 + 3 912   Pz 27
   73 + 7 354 + 2 572   Pz 36

4 Im Fußballstadion sind 1 394 Sitzplätze und 7 470 Stehplätze.   Pz 26

5 Auf dem Südparkplatz parken 2 684 Autos, auf dem Nordparkplatz 870 mehr.   Pz 17

6 Das Rückrundenspiel FC Siegsdorf – VFR Guthausen gewann der VFR mit 3:1 Toren. 6 345 Zuschauer sahen das Spiel. Das Vorrundenspiel sahen 4 875 Zuschauer.

"Das waren ungefähr 1 500 Zuschauer weniger."

T	H	Z	E
6	3	4	5
-4	8	7	5

7 a) 6 953   5 262   8 631
       -3 726   -2 433   -4 257

(Lösungen: 2 807, 3 227, 4 374, 2 829, 2 343, 4 576)

b) 7 423   4 650   9 009
   -2 847   -1 843   -6 666

8 Schreibe untereinander und subtrahiere:

a) 6 798 – 3 463   Pz 14
   9 483 – 5 348   Pz 13
   7 831 – 3 489   Pz 13

b) 5 002 – 2 608   Pz 18
   6 134 – 3 385   Pz 22
   8 662 – 4 769   Pz 23

c) 9 010 – 986 – 4 714   Pz 7
   8 111 – 777 – 1 276   Pz 19
   7 333 – 525 – 3 619   Pz 21

9 Bei einer Verkehrszählung wurden gestern 6 024 Autos gezählt. Heute waren es 2 989 weniger.   Pz 11

10 a) Im Zirkuszelt sind 3 412 Besucher, 1 879 davon sind Kinder.   Pz 12
b) 939 Mädchen sind im Zelt.   Pz 13

11 üben!

a) 8 745 − 2 361
b) 9 370 − 5 708
c) 7 062 − 947

(Lösungen: 6 384, 7 009, 4 701, 3 662, 3 037, 6 115, 8 423, 1 354, 7 798)

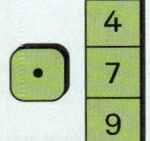

d) 2 367 + 6 415
e) 3 894 + 5 782
f) 4 084 + 986

(Lösungen: 10 499, 8 149, 8 782, 9 676, 3 353, 4 880, 10 309, 9 866, 5 070)

g) 600 · 4
h) 800 · 7
i) 720 · 9

(Lösungen: 2 400, 7 200, 2 880, 5 400, 4 200, 5 040, 6 480, 5 600, 3 200)

Runden und überschlagen

1

Es waren heute rund 2850 Besucher!

Zirkus „Karras" hatte Premiere. Ein großes Erlebnis für 3 000 Besucher.

Zirkusluft in Bergheim. 2 800 Besucher waren begeistert!

Wir haben 2848 Karten verkauft.

Bei 1, 2, 3, 4 wird abgerundet.
Bei 5, 6, 7, 8, 9 wird aufgerundet.

2 Runde auf Tausender:
4 800 → 5 000
a) 4 800, 6 100, 9 600
b) 4 120, 5 490, 1 520
c) 9 768, 8 501, 8 499

3 Runde auf Hunderter:
4 820 → 4 800
a) 4 820, 3 490, 8 170
b) 2 897, 1 654, 5 314
c) 7 449, 4 501, 9 451

4 Runde auf Zehner:
4 827 → 4 830
a) 4 827, 9 283, 8 787
b) 1 549, 7 781, 4 444
c) 8 198, 6 004, 9 997

5

Von den 2 848 Zuschauern waren 1 457 Kinder.

Mehr als die Hälfte aller Zuschauer waren Kinder.

Wie viele Erwachsene waren in der Vorstellung?

Aufgabe: 2 848 – 1 457

Überschlag: 2 800 – 1 500 =

Rechnung:
  2 8 4 8
– 1 4 5 7

Antwort:

6 So viele Besucher waren es an den verschiedenen Orten:

	Bergheim	Rheindorf	Neutal	Rangen	Hülmen
Loge	375	298	417		299
Sperrsitz	2 216		4 209	3 106	2 672
Parkett		4 795	4 564	4 298	3 809
insgesamt	6 436	8 934		7 762	

a) Überschlage:
Wo waren es die meisten Zuschauer?
Wo waren es die wenigsten?

b) Berechne die fehlenden Zahlen und vergleiche sie mit deinem Überschlag!

Ich überlege mir immer, ob das genaue Ergebnis kleiner oder größer als der Überschlag ist.

Spielfest

22

Sportfest

Ich bin 9,8 s gelaufen und habe 25 m geworfen. — Annika

Ich habe 9,4 s gebraucht. Mein bester Wurf war 22,5 m! — Lena

Bei mir waren es 9,2 s und 28 m! — Dorit

Mädchen

50 m

10,2	10,1	**10,0**	9,9	9,8	9,7	9,6	9,5	9,4	9,3	9,2	9,1	**9,0**	8,9	8,8	8,7	8,6	8,5	8,4	8,3	8,2	8,1	**8,0**	7,9	7,8
244	256	**268**	281	294	309	325	342	359	376	394	412	**430**	449	468	488	508	529	550	572	594	617	**641**	665	689

Schlagball 80 g

15,5	16,0	16,5	17,0	17,5	18,0	18,5	19,0	19,5	**20,0**	20,5	21,0	21,5	22,0	22,5	23,0	23,5	24,0	24,5	25,0	25,5	26,0	26,5	27,0	27,5
342	354	365	376	387	398	409	419	430	**440**	450	460	470	480	489	499	508	518	527	536	545	554	563	572	580
28,0	28,5	29,0	29,5	**30,0**	30,5	31,0	31,5	32,0	32,5	33,0	33,5	34,0	34,5	35,0	35,5	36,0	36,5	37,0	37,5	38,0	38,5	39,0	39,5	**40,0**
589	598	606	614	**623**	631	639	647	655	663	671	679	687	695	702	710	718	725	733	740	748	755	762	770	**777**

Weitsprung

2,15	2,17	2,19	2,21	2,23	2,25	2,27	2,29	2,31	2,33	2,35	2,37	2,39	2,41	2,43	2,45	2,47	2,49	**2,51**	2,53	2,55	2,57	2,59	2,61	2,63
220	225	229	233	236	240	244	247	251	255	258	262	266	269	273	276	280	283	**287**	290	294	297	302	310	316
2,65	2,67	2,69	2,71	2,73	2,75	2,77	2,79	2,81	2,83	2,85	2,87	2,89	2,91	2,93	2,95	2,97	2,99	**3,01**	3,03	3,05	3,07	3,09	3,11	3,13
323	329	336	342	349	355	362	368	375	381	388	394	400	407	413	419	425	432	**438**	444	450	456	462	469	475

1
a) Stelle fest, wieviel Punkte Annika (10 J.), Lena (10 J.) und Dorit (11 J.) mit 50-m-Lauf und Schlagballwurf bereits erreicht haben.
b) Wieviel Punkte fehlen bis zur Siegerurkunde?
c) Wie weit müssen sie mindestens springen, um eine Ehrenurkunde zu erhalten?

Mindestpunktzahlen für Urkunden — Mädchen

Alter	Siegerurkunde	Ehrenurkunde
8	650	950
9	750	1 150
10	900	1 300
11	1 050	1 450
12	1 200	1 600

Jungen

50 m

10,1	**10,0**	9,9	9,8	9,7	9,6	9,5	9,4	9,3	9,2	9,1	**9,0**	8,9	8,8	8,7	8,6	8,5	8,4	8,3	8,2	8,1	**8,0**	7,9	**7,8**	7,7
309	**325**	340	356	373	390	407	424	442	460	479	**498**	518	538	558	579	600	622	645	667	691	**715**	740	765	791

Schlagball 80 g

20,5	21,0	21,5	22,0	22,5	23,0	23,5	24,0	24,5	25,0	25,5	26,0	26,5	27,0	27,5	28,0	28,5	29,0	29,5	**30,0**	30,5	31,0	31,5	32,0	32,5
314	324	333	343	353	362	372	381	390	400	409	418	426	435	444	453	461	470	478	**486**	495	503	511	519	527
33,0	33,5	34,0	34,5	35,0	35,5	36,0	36,5	37,0	37,5	38,0	38,5	39,0	39,5	**40,0**	40,5	41,0	41,5	42,0	42,5	43,0	43,5	44,0	44,5	45,0
535	543	551	558	566	574	581	589	596	604	611	619	626	633	**640**	647	655	662	669	676	683	690	696	703	710

Weitsprung

2,19	2,21	2,23	2,25	2,27	2,29	2,31	2,33	2,35	2,37	2,39	2,41	2,43	2,45	2,47	2,49	**2,51**	2,53	2,55	2,57	2,59	2,61	2,63	2,65	2,67
215	221	226	232	237	242	247	253	258	263	268	273	279	284	289	294	**299**	304	309	314	319	324	329	334	339
2,69	2,71	2,73	2,75	2,77	2,79	2,81	2,83	2,85	2,87	2,89	2,91	2,93	2,95	2,97	2,99	**3,01**	3,03	3,05	3,07	3,09	3,11	3,13	3,15	3,17
344	348	353	358	363	368	373	377	382	387	392	396	401	408	414	420	**427**	433	439	445	451	458	464	470	476

2
a) Wieviel Punkte würden Jungen mit den Leistungen von Annika, Lena und Dorit erhalten?
b) Hier sind die Leistungen einiger Jungen aus der Klasse 4 b. Stelle fest, ob es Urkunden gibt:

	Lauf	Wurf	Sprung
Tobias (9 J.)	9,9 s	24 m	2,35 m
Jens (10 J.)	9,1 s	32 m	2,93 m
Emrah (11 J.)	8,5 s	34,5 m	3,10 m
Erik (10 J.)	8,6 s	34 m	3,15 m

Mindestpunktzahlen für Urkunden — Jungen

Alter	Siegerurkunde	Ehrenurkunde
8	800	1 200
9	1 000	1 400
10	1 150	1 600
11	1 300	1 700
12	1 400	1 850

Meter und Kilometer

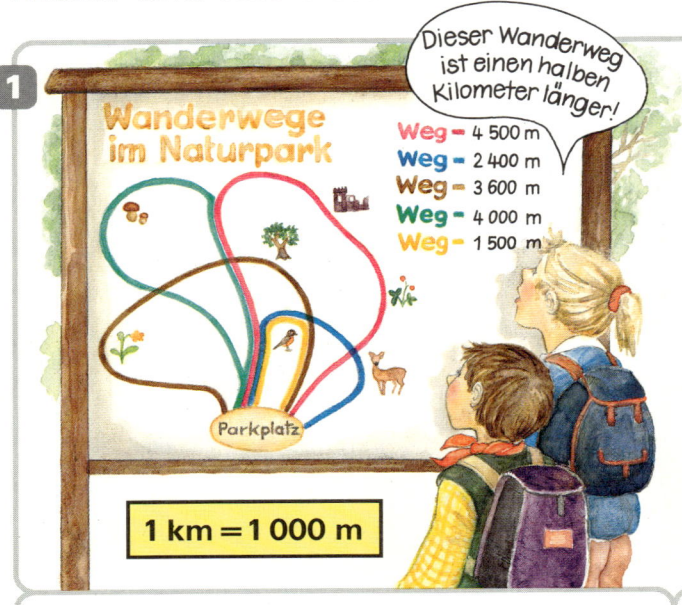

1 Vom Waldparkplatz führen fünf Rundwanderwege durch den Naturpark.

Dieser Wanderweg ist einen halben Kilometer länger!

Wanderwege im Naturpark:
- Weg — 4 500 m
- Weg — 2 400 m
- Weg — 3 600 m
- Weg — 4 000 m
- Weg — 1 500 m

1 km = 1 000 m

a) Vergleiche die Weglängen.
b) Trage die Weglängen in eine Tabelle ein und schreibe als Kommazahlen:

	km	m			
3 600 m	3	6	0	0	3,600 km

Das Komma trennt Kilometer und Meter.

2 Trage in eine Tabelle ein wie bei Aufgabe 1:

a) 1 900 m; 9 245 m; 2 800 m; 2 080 m; 2 008 m; 625 m; 750 m; 50 m; 5 m
b) 6,500 km; 2,455 km; 4,005 km; 0,650 km; 0,065 km; 0,006 km

3 a) Schreibe als Kilometer:
2 580 m; 7 500 m; 7 050 m; 7 005 m; 856 m; 5 000 m; 500 m; 3 505 m

b) Schreibe als Meter:
1,250 km; 6 500 km; 3 km; 10 km; 2,406 km; 0,357 km; 0,080 km

4 Runde auf volle Kilometer:

a) 3 800 m   b) 5 085 m   c) 2,450 km
   4 200 m   2 459 m   2,055 km
   6 802 m   7 000 m   0,875 km
   5 570 m   905 m   4,299 km

5 > oder < oder = ?

3,250 km ☐ 3 200 m
7,500 km ☐ 750 m
0,675 km ☐ 6 750 m
1,050 km ☐ 1 050 m

6 *Das sind 1 km 200 m!*

Schreibe als Kilometer und Meter:
1,2 km = 1 km 200 m

a) 2,4 km   b) 5,6 km   c) 12,3 km
   4,7 km   6,1 km   18,7 km
   1,9 km   0,7 km   23,9 km
   0,9 km   9,9 km   30,5 km

7 a) Petras Schulweg ist $\frac{1}{2}$ km lang, Ina muß 400 m weiter gehen. Hendrik hat den weitesten Schulweg, er fährt 3 500 m. Vergleiche die Weglängen.

b) Wieviel Kilometer gehen die Kinder täglich zur Schule und zurück?
c) Wieviel Kilometer sind es in 5 Tagen?
d) Vergleicht eure eigenen Schulwege.

8 Der Kilometerzähler an Silkes Fahrrad zeigte vor dem Ausflug 248,6 km.

a) Nach dem Ausflug stand der Zähler auf 272,4 km.
b) Abends fuhr Silke noch 8,5 km.

9 Stetten 6,2 km   Bergen 3,4 km   Lauen 1,8 km

Schreibe die Entfernungen in Meter und rechne.

Meter und Zentimeter

1 Im Wohnzimmer sollen neue Fußleisten angebracht werden.
Trage die Maße aus der Zeichnung in eine Tabelle ein und schreibe sie als Kommazahlen:

	m	cm	
475 cm	4	7	5	4,75 m

Das Komma trennt Meter und Zentimeter.

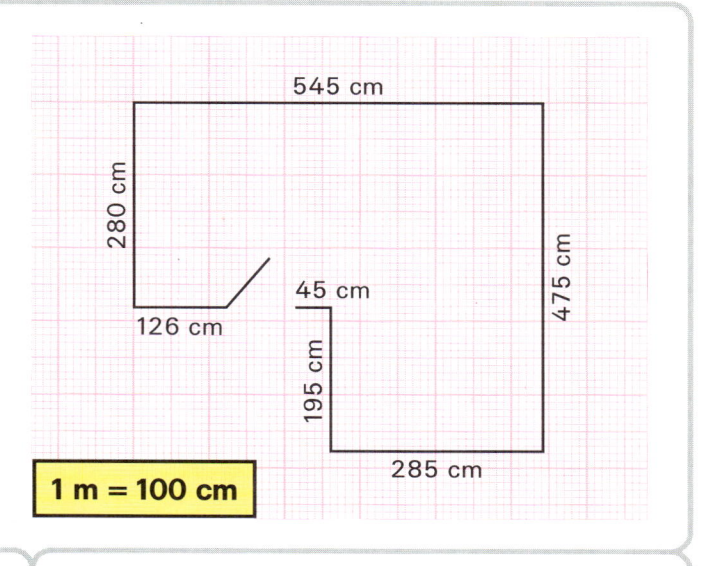

Maße der Zeichnung: 545 cm; 280 cm; 126 cm; 45 cm; 195 cm; 285 cm; 475 cm

1 m = 100 cm

2 Trage in eine Tabelle ein wie oben:

a) 207 cm; 672 cm; 95 cm; 5 cm
b) 1 200 cm; 3 550 cm; 4 005 cm; 9 450 cm; 500 cm; 10 000 cm
c) 4,25 m; 6,72 m; 8,05 m; 4 m; 0,45 m; 0,80 m; 0,08 m

3 a) Schreibe als Meter mit Komma:
450 cm; 45 cm; 4 500 cm; 675 cm; 7 cm; 5 080 cm; 580 cm; 63 cm

b) Schreibe als Zentimeter:
4,50 m; 3,75 m; 2,05 m; 0,86 m; 24,56 m; 1,05 m; 0,05 m; 3,98 m

4 Runde auf volle Meter:

a) 435 cm   b) 1 280 cm   c) 5,28 m
   207 cm   948 cm   1,77 m
   381 cm   3 040 cm   0,85 m
   756 cm   4 600 cm   13,90 m
   906 cm   2 170 cm   25,48 m

5 > oder < oder = ?

3,20 m ▢ 320 cm   5 m 6 cm ▢ 5,02 m
0,75 m ▢ 750 cm   2 m 8 cm ▢ 2,08 m
1,50 m ▢ 105 cm   9 m 5 cm ▢ 9,50 m
4,60 m ▢ 46 cm   55 m ▢ 55,00 m
0,04 m ▢   4 cm   1 400 cm ▢ 14,00 m

6 Herr Forst hat seinen Gartenzaun erneuert. Dazu hat er fertige Zaunteile gekauft: 6 Teile von 1,50 m Länge und 8 Teile von 2 m Länge.
Wie lang ist der Zaun insgesamt?   Pz 7

7 Schreibe auf, was zusammenpaßt:

- So lang ist der Sportplatz.
- 8 500 m
- 100 m
- 2 m
- So weit ist Daniel in einer Stunde mit dem Rad gefahren.
- So groß ist Peters Hamster.
- So hoch ist eine Tür.
- So lang ist unser Auto.
- So weit ist Anke in zwei Stunden gewandert.
- 48 cm
- 4,65 m
- 15 km
- 9 cm
- So groß war Tobias bei der Geburt.
- So hoch ist der Kölner Dom.
- 159 m

8 Auf einer Rolle sind 15 m Schnur. Es werden verschiedene Stücke abgeschnitten: 80 cm; 1 m 40 cm; 65 cm; 50 cm; 25 cm; 1,50 m.   Pz 18

9 Holger hat für seine Eisenbahn Schienen von 22 cm, 10 cm, 6 cm und 2 cm Länge.
Er möchte diese Gleisstrecken bauen: 50 cm; 68 cm; 88 cm; 1,20 m.
Welche Schienen kann er nehmen?

Bruchteile von Längen

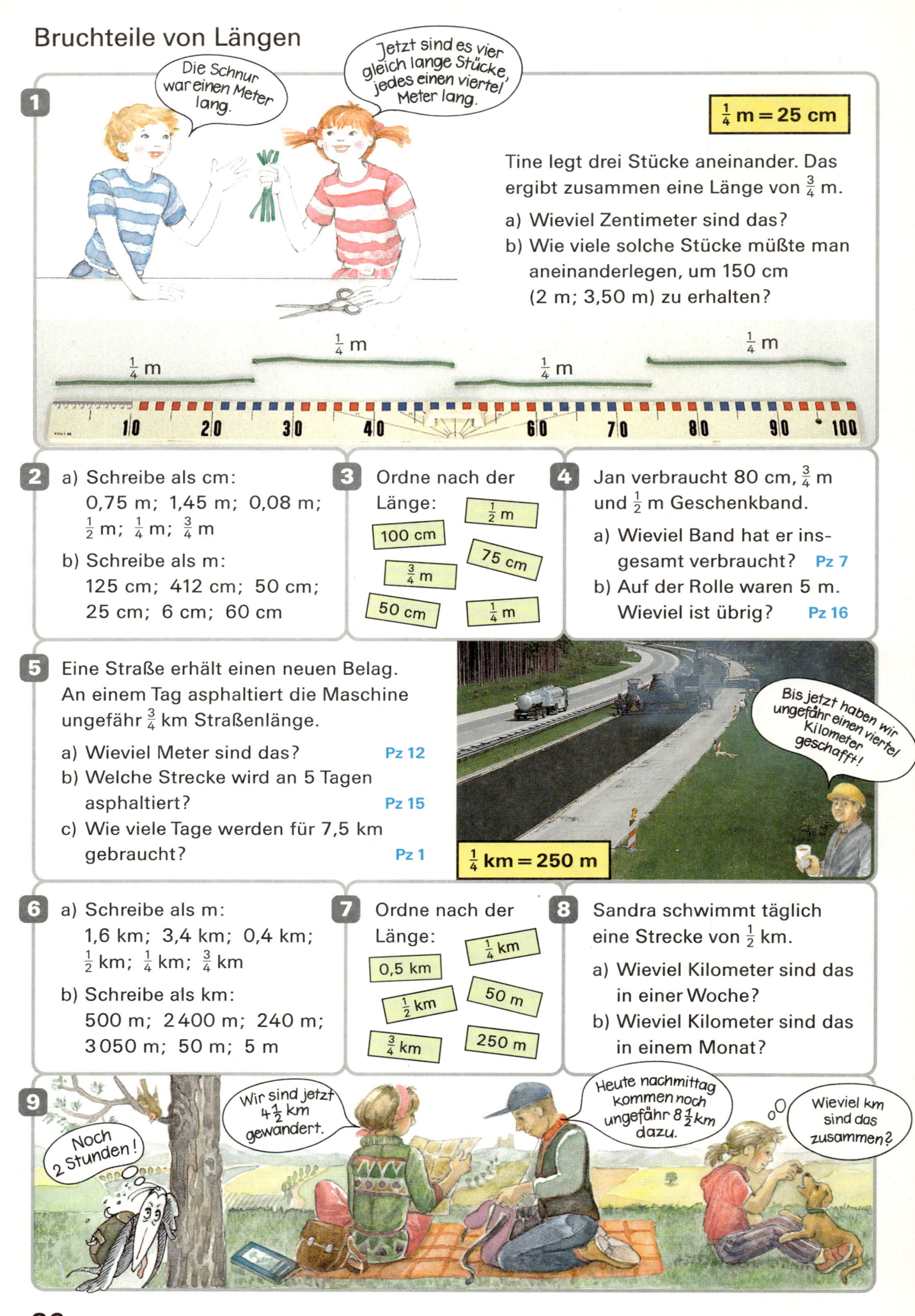

1

"Die Schnur war einen Meter lang."

"Jetzt sind es vier gleich lange Stücke, jedes einen viertel Meter lang."

$\frac{1}{4}$ m = 25 cm

Tine legt drei Stücke aneinander. Das ergibt zusammen eine Länge von $\frac{3}{4}$ m.

a) Wieviel Zentimeter sind das?
b) Wie viele solche Stücke müßte man aneinanderlegen, um 150 cm (2 m; 3,50 m) zu erhalten?

2 a) Schreibe als cm:
0,75 m; 1,45 m; 0,08 m;
$\frac{1}{2}$ m; $\frac{1}{4}$ m; $\frac{3}{4}$ m

b) Schreibe als m:
125 cm; 412 cm; 50 cm;
25 cm; 6 cm; 60 cm

3 Ordne nach der Länge:
$\frac{1}{2}$ m
100 cm
75 cm
$\frac{3}{4}$ m
50 cm
$\frac{1}{4}$ m

4 Jan verbraucht 80 cm, $\frac{3}{4}$ m und $\frac{1}{2}$ m Geschenkband.

a) Wieviel Band hat er insgesamt verbraucht? Pz 7
b) Auf der Rolle waren 5 m. Wieviel ist übrig? Pz 16

5 Eine Straße erhält einen neuen Belag. An einem Tag asphaltiert die Maschine ungefähr $\frac{3}{4}$ km Straßenlänge.

a) Wieviel Meter sind das? Pz 12
b) Welche Strecke wird an 5 Tagen asphaltiert? Pz 15
c) Wie viele Tage werden für 7,5 km gebraucht? Pz 1

"Bis jetzt haben wir ungefähr einen viertel Kilometer geschafft!"

$\frac{1}{4}$ km = 250 m

6 a) Schreibe als m:
1,6 km; 3,4 km; 0,4 km;
$\frac{1}{2}$ km; $\frac{1}{4}$ km; $\frac{3}{4}$ km

b) Schreibe als km:
500 m; 2400 m; 240 m;
3050 m; 50 m; 5 m

7 Ordne nach der Länge:
0,5 km
$\frac{1}{4}$ km
$\frac{1}{2}$ km
50 m
$\frac{3}{4}$ km
250 m

8 Sandra schwimmt täglich eine Strecke von $\frac{1}{2}$ km.

a) Wieviel Kilometer sind das in einer Woche?
b) Wieviel Kilometer sind das in einem Monat?

9

"Noch 2 Stunden!"

"Wir sind jetzt $4\frac{1}{2}$ km gewandert."

"Heute nachmittag kommen noch ungefähr $8\frac{1}{2}$ km dazu."

"Wieviel km sind das zusammen?"

Liter und Milliliter

1 Zu Martinas Geburtstag stehen für die Kinder fünf 1-l-Flaschen Saft bereit.
Die Kinder haben Becher, die immer $\frac{1}{4}$ l fassen.

a) Wie viele Becher kann man füllen?
b) Martina hat 2 Becher getrunken, Thomas $\frac{1}{2}$ l, Astrid 3 Becher, Timo $\frac{3}{4}$ l, Anke 4 Becher, Inga 3 Becher. Wieviel Saft ist noch übrig?

Ich habe 3 Becher getrunken!
Das sind $\frac{3}{4}$ l!

$\frac{1}{2}$ l = 0,5 l

2 In der Molkerei werden täglich 5 000 l Milch in 1-l-Flaschen, 2 000 l Milch in $\frac{1}{2}$-l-Flaschen und 800 l Milch in $\frac{1}{4}$-l-Flaschen abgefüllt.

a) Wieviel Liter Milch werden insgesamt abgefüllt? **Pz 15**
b) Wie viele Flaschen von jeder Sorte werden abgefüllt?

3 Der Hausmeister verkauft Pausengetränke in $\frac{1}{4}$-l-Flaschen.
Er bestellt jede Woche 120 Flaschen Milch, 200 Flaschen Kakao und 160 Flaschen Bananenmilch.

a) Wieviel Liter sind das? **Pz 3**
b) Letzte Woche blieben 20 Flaschen Milch und 16 Flaschen Kakao übrig.

4

| 500 ml | 100 ml | 750 ml | 350 ml | 1 000 ml | 450 ml | 250 ml |

Rauminhalte werden in Liter oder Milliliter angegeben:

1 Liter = 1 000 Milliliter
1 l = 1 000 ml

a) Vergleiche die Inhaltsangaben.
b) Ordne die Inhaltsangaben der Größe nach.
c) Stelle die Inhaltsangaben in einem Blockbild dar. Wähle für 100 ml immer 1 Kästchen.

Karottensaft   Senf   Speiseöl

5 Peter darf seiner kleinen Schwester auch die Flasche geben.

a) Das Baby bekommt 4 Mahlzeiten am Tag. **Pz 6**
b) Wenn es etwas älter ist, werden die Mahlzeiten um 50 ml erhöht. **Pz 8**

Sie bekommt genau 150 ml!
Darf ich?

6 1×1 üben!

1 · ☐   3 · ☐
2 · ☐   6 · ☐
4 · ☐   7 · ☐
8 · ☐   10 · ☐
9 · ☐   5 · ☐

Setze für ☐ eine bestimmte Zahl ein und rechne.

360 150 900
600 250 500 850 300
400 700 410 620 800

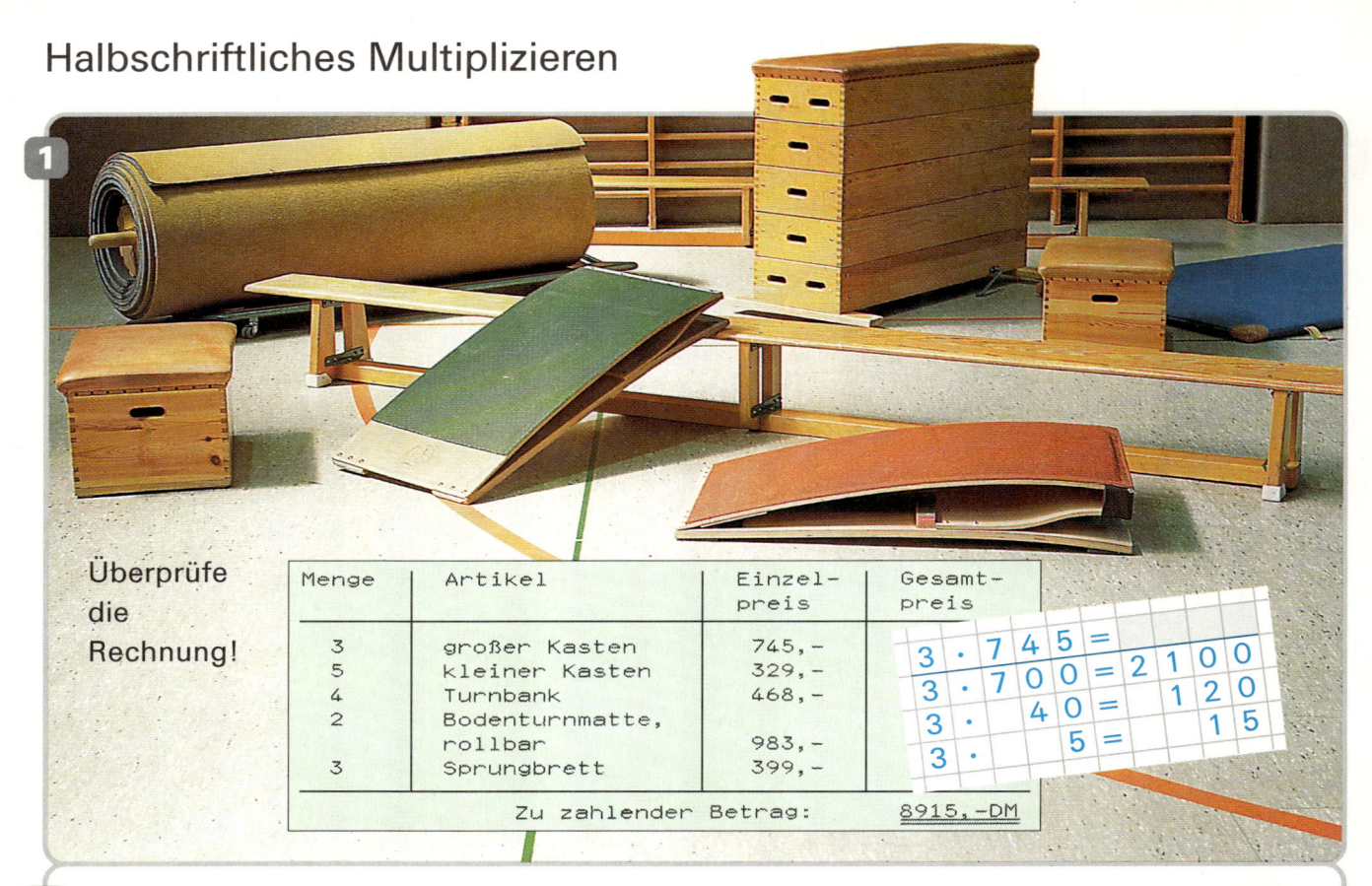

Halbschriftliches Multiplizieren

1 Überprüfe die Rechnung!

Menge	Artikel	Einzelpreis	Gesamtpreis
3	großer Kasten	745,–	
5	kleiner Kasten	329,–	
4	Turnbank	468,–	
2	Bodenturnmatte, rollbar	983,–	
3	Sprungbrett	399,–	
	Zu zahlender Betrag:		8915,–DM

```
3 · 745 =
3 · 700 = 2100
3 ·  40 =  120
3 ·   5 =   15
```

2
```
4 · 2165 =
4 · 2000 =
4 ·  100 =
4 ·      =
4 ·      =
```

a) 4 · 2 165
3 · 1 234
2 · 4 939
8 · 1 250
5 · 1 877

b) 9 · 708
6 · 1 456
7 · 365
8 · 987
4 · 2 493

c) 568 · 3
740 · 9
1 234 · 8
2 468 · 4
1 357 · 5

1 704 8 736
8 660 3 702 6 660
9 878 10 000 6 372
9 872 2 555 9 385
7 896 9 972 6 785

3 Viele der Aufgaben kann ich im Kopf rechnen.

a) 2 · 304
2 · 340
4 · 152
4 · 120

b) 4 · 1 002
4 · 1 020
4 · 1 200
4 · 1 202

c) 7 · 1 006
5 · 1 520
4 · 2 006
3 · 3 050

d) 9 · 211
8 · 596
6 · 1 309
5 · 1 021

4 Diese Rechnung ist 10 Jahre alt.

a) Überprüfe sie.
b) Vergleiche mit den Preisen der Aufgabe 1.

Gegenstand	Anzahl	Stückpreis	Gesamtpreis
Mini-Trampolin	3	435,00	
kleiner Kasten	6	278,00	
großer Kasten	4	630,00	
Turnmatten	10	224,00	
Turnbank	5	408,00	
	Zu zahlender Betrag:		9 773,00

5 Schreibe ab und ergänze die fehlenden Zahlen.

a)
```
9 ·      =
9 · 500 =
9 ·  30 =
9 ·   7 =
```

b)
```
 ·      =
7 ·     = 5600
 ·      =  350
 ·      =   42
```

c)
```
  · 493 =
  ·     =
  ·     = 540
  ·   3 =  18
```

Schriftliches Multiplizieren

1 *Wir kaufen drei Xylophone.*

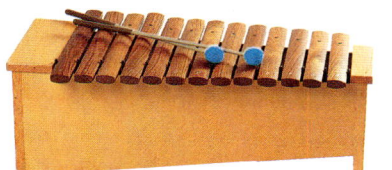

Xylophon **823,–**
Klangbausteine je **78,–**
Glockenspiel **214,–**
Pauke **283,–**

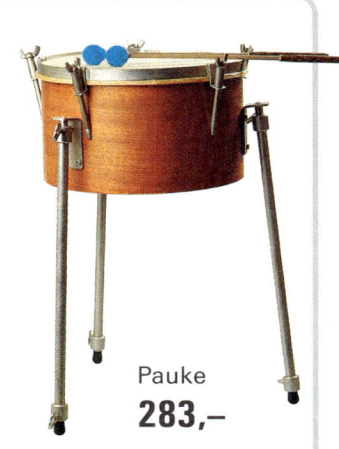

H	Z	E		
8	2	3	·	3
	T	H	Z	E
				9
			6	0
	2	4	0	0
	2	4	6	9

3 · 3 = 9
3 · 20 = 60
3 · 800 = 2 400

H	Z	E		
8	2	3	·	3
	T	H	Z	E
				9
			6	
	2	4		
	2	4	6	9

3 · 3 E = 9 E
3 · 2 Z = 6 Z
3 · 8 H = 24 H

Die drei Xylophone kosten zusammen ▨ DM.

2
a) H Z E
4 2 3 · 2
T H Z E
        6

b) H Z E
6 3 2 · 3
T H Z E

c) T H Z E
2 3 1 2 · 3
T H Z E

d) T H Z E
4 2 3 4 · 2
T H Z E

3
a) 912 · 4
711 · 8
532 · 3
843 · 2

b) 1 423 · 2
3 213 · 3
4 314 · 2
2 122 · 4

c) 501 · 9
811 · 7
2 012 · 4
3 230 · 3

4 Rechne einige Aufgaben im Kopf!
a) 810 · 6
520 · 4
610 · 8

b) 342 · 2
321 · 3
122 · 4

c) 1 011 · 8
4 230 · 2
3 201 · 3

5
a) In einer Woche geht Sabine an 5 Tagen zur Schule. Hin- und Rückweg sind zusammen 1790 m lang. Welche Strecke legt sie dabei in der Woche zurück?
b) Joachim wohnt 890 m von seiner Schule entfernt. Er hat jeden Donnerstagnachmittag Sport-AG.
c) Wie ist es bei dir?

T	H	Z	E	
1	7	9	0	· 5
	T	H	Z	E
				0
		4	5	
	3	5		
	5			

5 · 0 E = 0 E
5 · 9 Z = 45 Z = 4 H 5 Z
5 · 7 H = 35 H = 3 T 5 H
5 · 1 T = 5 T

6
a) 372 · 4
216 · 3
634 · 5

b) 743 · 6
524 · 8
836 · 7

c) 907 · 5
460 · 9
875 · 8

d) 1 518 · 6
2 362 · 4
1 739 · 5

e) 3 279 · 3
1 250 · 8
2 500 · 4

4192 4140
9837 3170 1488
4458 648 9448
5852 7000 4535
8695 9108
10 000

29

Schriftliches Multiplizieren in verkürzter Form

1 Am Montag besuchten 738 Kinder das Theater. Der Eintrittspreis betrug 4 DM. Wie hoch waren die Einnahmen?

4 · 8 = 32, das sind 2 Einer und 3 Zehner.

Ich merke mir den Übertrag und rechne kürzer!

H	Z	E		
7	3	8	·	4
T	H	Z	E	
		3	2	
	1	2		
2	8			
2	9	5	2	

H	Z	E		
7	3	8	·	4
T	H	Z	E	
2	9	5	2	

4 · 8 = 32, schreibe 2, merke 3,
4 · 3 = 12, 12 + 3 = 15, schreibe 5, merke 1.
...

2 Pz
a) 235 · 3 12   b) 493 · 2 23   c) 948 · 2 24   d) 754 · 5 17   e) 432 · 6 18
   217 · 4 22   273 · 3 18   516 · 7 12   817 · 6 15   637 · 5 17
   329 · 3 24   182 · 4 17   824 · 4 20   725 · 8 13   213 · 9 18

3 Pz
a) 4 736 · 2 22   b) 1 154 · 6 21   c) 2 458 · 3 21   d) 1 246 · 5 11   e) 3 268 · 3 21
   2 419 · 4 28   2 248 · 4 28   1 646 · 6 30   1 329 · 7 15   1 925 · 4 14
   1 827 · 3 18   1 135 · 7 25   1 234 · 8 26   1 167 · 6   9   1 135 · 8 17

4 ⚠ Nullen

4030, 7620, 9306, 8152, 0, 7406, 9027, 8336, 9232, 7030, 9270, 6300, 9520

a)

T	H	Z	E			T	H	Z	E			T	H	Z	E		
2	3	8	0	·	4	2	3	0	8	·	4	2	0	3	8	·	4
T	H	Z	E			T	H	Z	E			T	H	Z	E		
			0					2					5	2			

b) 1 270 · 6   c) 1 034 · 9   d) 1 058 · 7   e) 1 406 · 5   f) 3 009 · 3
   2 084 · 4   3 090 · 3   1 050 · 6   806 · 5   9 999 · 0

5 Ein Riesen-Spaß mit Trampel — Sonntag ausverkauft! Eintritt 4 DM

So viele Kinder besuchten in einer Woche das Theater. Berechne die Einnahmen an den einzelnen Tagen.

Tag	Mo	Di	Mi	Do	Fr	Sa	So
Kinder	738	695	578	490	807	878	950
Einnahmen							

6 Rechendreiecke mit mal

3, 4 / 5, 6 / 8, 10 — 8, ?, ? → 240

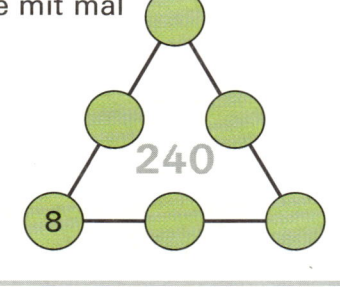

5, 7 / 8, 10 / 14, 16

5 → 560

30

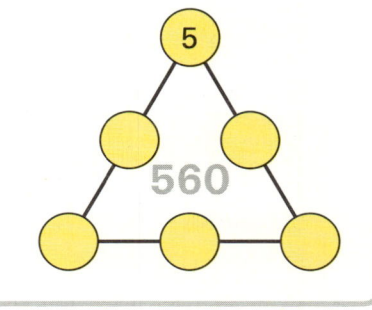

Schriftliches Multiplizieren in verkürzter Form

1

In der Lehrerbücherei steht ein Lexikon aus 8 Bänden. Jeder Band hat 634 Seiten. Wieviel Seiten hat das gesamte Werk?

Aufgabe: 634 · 8

Überschlag: 6 0 0 · 8 =

Rechnung: 6 3 4 · 8
                              2

Antwort:

„Ich habe T, H, Z, E weggelassen!"

„Jeder Band kostet 128 DM und wiegt 1700 g."

2 Rechne immer einen Überschlag!

a) 873 · 6   b) 465 · 8
    628 · 5   930 · 4
    394 · 7   724 · 3
    839 · 9   362 · 6
    125 · 8   986 · 2

1 972   2 758   3 140   3 720   1 000   2 172   5 238   7 551

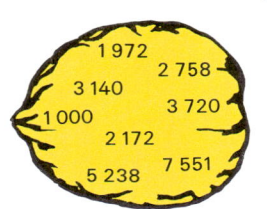

3 Vergiß den Überschlag nicht!

a) 1 839 · 4   b) 4 826 · 2
    3 286 · 3   2 413 · 4
    1 307 · 7   1 625 · 3
    1 706 · 5   2 625 · 3
    1 666 · 6   1 250 · 8

8 530   9 858   9 996   10 000   7 875   4 875   9 652   7 356   9 149

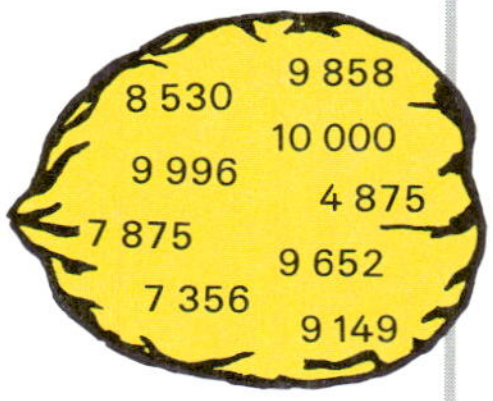

4 Rechne jede Aufgabe. Wie kannst du die Ergebnisse überprüfen?

a) 425 · 2   b) 945 · 9   c) 673 · 5   d) 1 129 · 8   e) 1 428 · 7   f) 1 279 · 2
    425 · 4   945 · 3   673 · 4   1 129 · 3   1 428 · 6   1 279 · 3
    425 · 6   945 · 6   673 · 9   1 129 · 5   1 428 · 1   1 279 · 5
    425 · 8   945 · 10   673 · 8   1 129 · 2   1 428 · 5   1 279 · 8

5 a) Das Regal in der Schülerbücherei hat 9 lange Bretter. Auf jedem Brett stehen ungefähr 150 Bücher.   Pz 9

b) Tim überlegt: „Wie lange brauche ich ungefähr, wenn ich in jeder Woche ein anderes Buch lese?"

„Viele Bücher sind mehrfach vorhanden!"

6 a) Immer zwei Aufgaben haben dasselbe Ergebnis. Überlege zuerst und rechne dann.

2 468 · 3   3 324 · 6
499 · 10   5 · 66   99 · 3   998 · 5   6 · 55   4 321 · 8
33 · 9   333 · 8
555 · 7   888 · 3   4 444 · 2
8 442 · 2   2 222 · 4   777 · 5
4 221 · 4   6 648 · 3   1 234 · 6   8 642 · 4

b) Denke dir weitere Aufgaben aus.

Multiplizieren

1 Schreibe ab, und ergänze die fehlenden Zahlen.

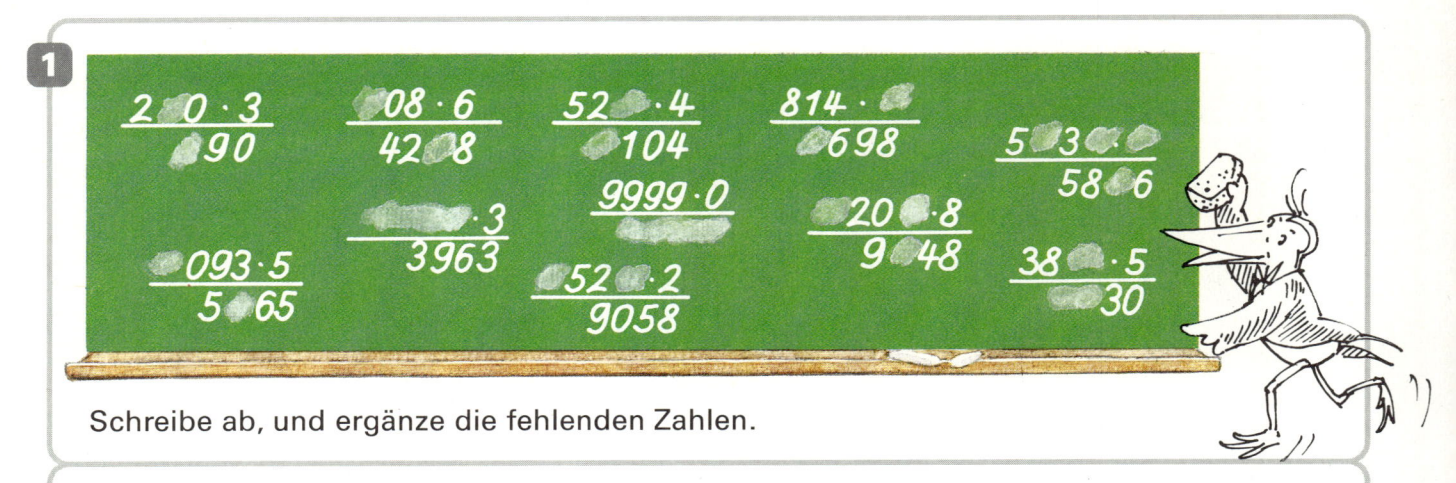

(Tafel mit teilweise verwischten Aufgaben:)

2▯0 · 3   ▯08 · 6   52▯ · 4   814 · ▯   5▯3▯ · ▯
 ▯90   42▯8   ▯104   6▯98   58▯6

            ▯▯▯ · 3   9999 · 0   20▯ · 8   38▯ · 5
▯093 · 5   3963   ▯▯▯▯   9▯48   ▯30
 5▯65
                        ▯52▯ · 2
                         9058

2 Vier Aufgaben sind falsch gerechnet. Die falschen Lösungen kannst du durch Überschlagen finden. Rechne dann genau.

| 341 · 9 | 549 · 4 | 807 · 6 | 624 · 8 |
| 3069 | 2496 | 4642 | 4992 |

| 2986 · 3 | 1437 · 5 | 4856 · 2 | 1258 · 4 |
| 6758 | 7185 | 9712 | 8432 |

3 Denke an Rechenvorteile!

(400 · 5 = 2000; 1000 · 3 = 3000; 500 · 2 = 1000)

a) 399 · 5   b) 299 · 7   c) 490 · 5   d) 1996 · 5   e) 1990 · 4
   998 · 3   598 · 5   795 · 6   4995 · 2   2990 · 3
   497 · 2   999 · 9   390 · 7   2997 · 3   1980 · 5
                       249 · 4   495 · 4   2498 · 4   3970 · 2

4 *Ich rechne viele Aufgaben im Kopf.*

a) 308 · 3   b) 6 · 393   c) 3042 · 2   d) 8 · 1090   e) 820 · 4
   207 · 5   2 · 834   2358 · 3   4 · 2106   311 · 6
   510 · 8   7 · 406   9999 · 1   3 · 3241   159 · 8
   857 · 4   3 · 932   1206 · 4   6 · 1008   2302 · 3
   450 · 2   9 · 205   1109 · 7   5 · 2000   2055 · 4

5 Wenn du eine Aufgabe gerechnet hast, dann kennst du auch die anderen Lösungen.

37 · 3 =   37 · ▯ =
37 · 6 =   37 · ▯ = ▯
37 · 9 =   37 · ▯ = ▯
37 · 12 =   37 · ▯ = 999

6 üben!

a) 219 · 2   d) 346 · 6   g) 1390 · 4
b) 562 · 4   e) 680 · 8   h) 1508 · 3
c) 408 · 3   f) 917 · 9   i) 1276 · 6

Ergebnisse:
816, 438, 1124, 2248, 876, 1632, 1224, 657, 1686
2076, 4080, 5502, 7336, 2768, 5440, 3114, 6120, 8253
5560, 6032, 4170, 5104, 3828, 4524, 8340, 9048, 7656

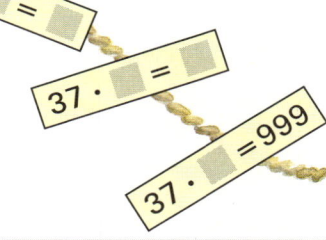

Multiplizieren von Kommazahlen

1 a) Für die Schülerbücherei sollen 6 neue Sachbücher bestellt werden. Jedes Buch kostet 15,70 DM. Wie teuer wird die Anschaffung?

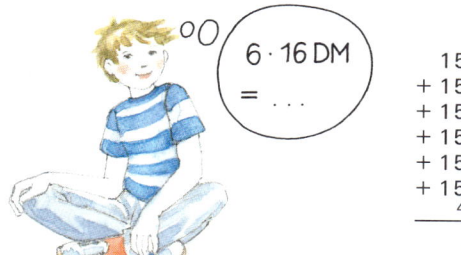

6 · 16 DM = ...

15,70 DM
+ 15,70 DM
+ 15,70 DM
+ 15,70 DM
+ 15,70 DM
+ 15,70 DM
  4
,20 DM

15,70 DM sind 1570 Pfennig!

1 5 7 0 · 6
      2 0

b) Die Sachbücher gibt es auch als Taschenbuchausgabe. Jeder Band kostet dann nur 8,90 DM. Rechne den Gesamtpreis aus und vergleiche.

2 Runde auf volle DM-Beträge und überschlage. Dann rechne genau.

a) 3,58 DM · 3   Pz 12
   8,30 DM · 9   18
   0,95 DM · 8   13

b) 9,86 DM · 5   Pz 16
   2,43 DM · 7   9
   7,98 DM · 4   15

c) 3 · 17,35 DM   Pz 12
   4 · 23,62 DM   25
   7 · 14,08 DM   28

d) 2 · 43,75 DM   Pz 20
   3 · 32,40 DM   18
   4 · 20,83 DM   16

3 Jedes Brett im Bücherregal ist 4,80 m lang. 9 Bretter sind mit Büchern gefüllt. Tim überlegt: „Wieviel Meter Bücher sind das?"

Das sind fast 50 m Bücher!

4 Bei einem Volkslauf starten die Läufer in drei Gruppen.
1. Gruppe: 2 Runden
2. Gruppe: 4 Runden
3. Gruppe: 6 Runden.
Eine Runde ist 1,650 km lang.

1,650 km sind 1650 m.

5 Aufgabe: 3 · 5,72 m

Überschlag: 3 · 6 m = ___ m

Rechnung: 5 7 2 · 3
                    6

a) 3 · 5,72 m   Pz 15
   8 · 7,65 m   9
   5 · 4,20 m   3
   6 · 0,78 m   18
   9 · 8,70 m   18

b) 8 · 6,04 m   Pz 17
   5 · 11,56 m 20
   4 · 22,25 m 17
   2 · 48,07 m 20
   7 · 10,90 m 16

6 4 · 2 km =

2 1 6 4 · 4

a) 4 · 2,164 km   Pz 25
   7 · 1,370 km   23
   2 · 4,608 km   18

b) 3 · 3,150 km   Pz 18
   8 · 1,009 km   17
   5 · 1,950 km   21

c) 9 · 0,715 km   Pz 18
   6 · 1,590 km   18
   3 · 2,805 km   18

7 An dem Spielgerät kommen Holzbalken in zwei verschiedenen Längen vor: 2,40 m und 3,60 m.

Wieviel Meter Holzbalken wurden

a) von jeder Sorte,   Pz 15; 9
b) insgesamt verarbeitet?   Pz 15

Sachaufgaben

1 *Der Geschirrspüler läuft bei uns jeden zweiten Tag, die Waschmaschine zweimal in der Woche!*

Die neue Spar-Generation
Waschautomat statt 150 l Sparverbrauch: nur **90 l** Wasser!
Geschirrspüler statt 45 l Sparverbrauch: nur **28 l** Wasser!

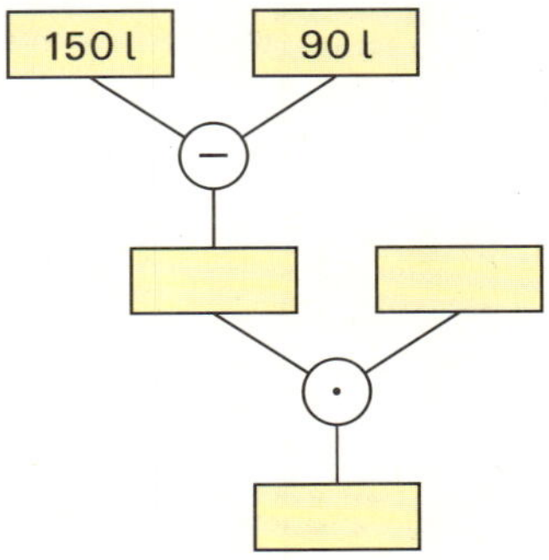

a) Wieviel Wasser könnte in 4 Wochen mit den modernen Maschinen in diesem Haushalt eingespart werden?
b) Stelle fest, wie oft bei euch zu Hause gewaschen und gespült wird. Rechne!

2 a) Im Kaufhaus wurden in einer Woche 8 Geschirrspüler zu je 1 198 DM verkauft. **Pz 26**
b) In derselben Woche wurden noch 5 Waschautomaten zu je 1 268 DM und 3 zu je 898 DM verkauft. **Pz 16**

3 a) Die Sportabteilung verkaufte heute 4 Jogging-Anzüge zu je 138 DM und 5 Paar Jogging-Schuhe zu 86,50 DM. **Pz 26**
b) Gestern wurden 7 Paar Schuhe und 9 Jogging-Anzüge verkauft. **Pz 25**

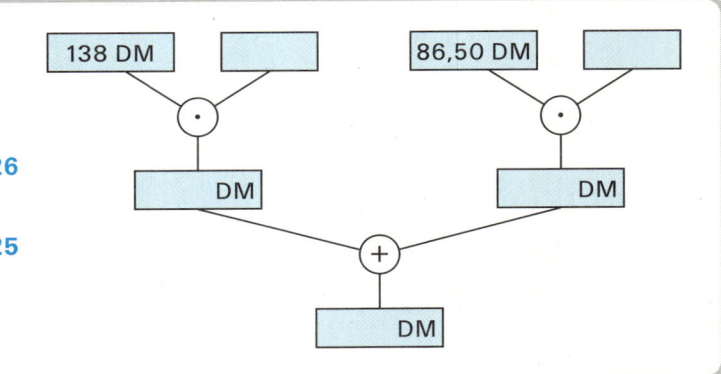

4 Die Tennisabteilung verkaufte diese Tennisschläger:
Modell „Britta" 9 Stück
Modell „Heiko" 5 Stück
Modell „Sören" 8 Stück **Pz 12**

„Britta" 146 DM
„Heiko" 198 DM
„Sören" 276 DM 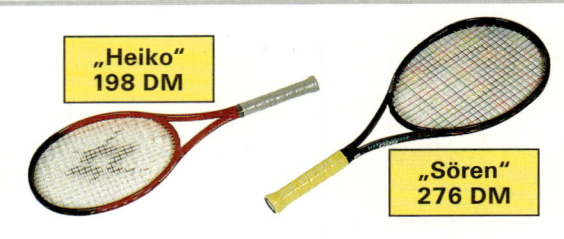

5 a) Kiefernleisten sind in Längen von 2 m und 3 m vorrätig. Wieviel kostet jeweils eine Leiste? **Pz 13; 15**
b) Alle Bretter sind 4 m lang. **Pz 8; 10**
c) Herr Keim kauft 8 Leisten von 2 m Länge und 6 gehobelte Bretter. **Pz 17**

Der BAUMARKT bietet an:
Kiefernleisten, lfd. m **2,90 DM**
Bretter, gehobelt, lfd. m **4,25 DM**
Bretter, rauh, lfd. m nur **2,95 DM**

6 *Immer $6\frac{1}{2}$ km!*

Stefanies Vater läuft dreimal in der Woche eine Jogging-Runde durch den Stadtwald.
a) Welche Strecke läuft er insgesamt in einer Woche?
b) Wieviel Kilometer legt er dabei in einem Monat (in einem Jahr) zurück?

Kinderzimmer renovieren

1

"Wie viele Rollen brauchen wir wohl?"

"Wir brauchen mindestens 30 Tapetenbahnen!"

"Auf einer Rolle sind 12 Bahnen."

Rauhfaser-Tapeten
Standard-Qualität
Rolle **nur 7,60 DM**
mittelschwere Qualität
Rolle **nur 9,80 DM**
für hohe Ansprüche
Rolle **12,45 DM**

2

Wand- und Deckenfarbe		
Superweiß	10-l-Eimer	**46,-- DM**
	5 l	**24,80 DM**
Standard	10-l-Eimer	**32,-- DM**
	5 l	**17,50 DM**
Unser	10 l nur	**19,50 DM**
Preisschlager!	5 l nur	**9,90 DM**

Wenn das Zimmer tapeziert ist, müssen Wände und Decke mit Wandfarbe gerollt werden.
Vater hat ausgerechnet, daß er dafür ungefähr 15 l Wandfarbe benötigt, weil er die Decke zweimal rollen muß.

"Bei billigen Farben muß man oft zweimal streichen!"

3

"Ich möchte so einen Teppichboden wie Jna!"

"Dein Zimmer ist aber um die Hälfte größer!"

"Bei Jna hat es 280 DM gekostet!"

"Mit dieser Teppichware würden Sie auf 345 DM kommen!"

4 Zum Schluß müssen auch noch Fußleisten angebracht werden. Fußleisten gibt es in Längen zu 2,40 m.
Peter hat alle Wände ausgemessen und eine Zeichnung gemacht:

4,25 m / 2,05 m / 3,40 m / 50 cm / 4,25 m

Fußleisten (2,40 m lang)
Holz, Kiefer natur . . . . **6,20 DM**
Holz, furniert . . . . **4,90 DM**
Kunststoff . . . . **nur 2,25 DM**

5 Eine Tapezierausrüstung kann man kaufen oder leihen:

TAPEZIER-AUSRÜSTUNG
• pro Tag **8,-- DM**
• Wochenende **12,-- DM**

Tapeziertisch nur **29,--** DM
Tapezierbürste **4,85** DM
Roller **2,75** DM

6

"Sind wir mit 500 DM ausgekommen?"

"Wir müssen noch allerhand Kleinmaterial dazurechnen!"

4 Pakete Kleister je 5,60 DM
1 Rolle Teppichklebeband 12,65 DM
1 Wandroller 7,45 DM
1 Eckenpinsel 4,95 DM

Zahlen bis 100 000

1

40 000 Zuschauer beim Schlagerspiel in Dortmund

Das Rudolf-Harbig-Stadion war fast voll besetzt

Das Zentralstadion in Leipzig war zur Hälfte besetzt

60 000 Teilnehmer beim Abschluß des Kirchentages im Niedersachsen-Stadion

Zuschauerplätze großer Sportstadien

Olympiastadion in Berlin	76 000
Westfalenstadion in Dortmund	52 000
Rudolf-Harbig-Stadion in Dresden	23 000
Waldstadion Frankfurt	60 000
Rheinstadion in Düsseldorf	68 000
Parkstadion in Gelsenkirchen	70 000
Volksparkstadion in Hamburg	61 000
Niedersachsen-Stadion in Hannover	60 000
Zentralstadion in Leipzig	90 000
Olympiastadion in München	73 000
Ostseestadion in Rostock	26 000
Neckarstadion in Stuttgart	68 000

Zahlen bis 100 000

100 000	10 000	1 000	100	10	1
Hunderttausender 1 HT = 10 ZT	Zehntausender 1 ZT = 10 T	Tausender 1 T = 10 H	Hunderter 1 H = 10 Z	Zehner 1 Z = 10 E	Einer 1 E

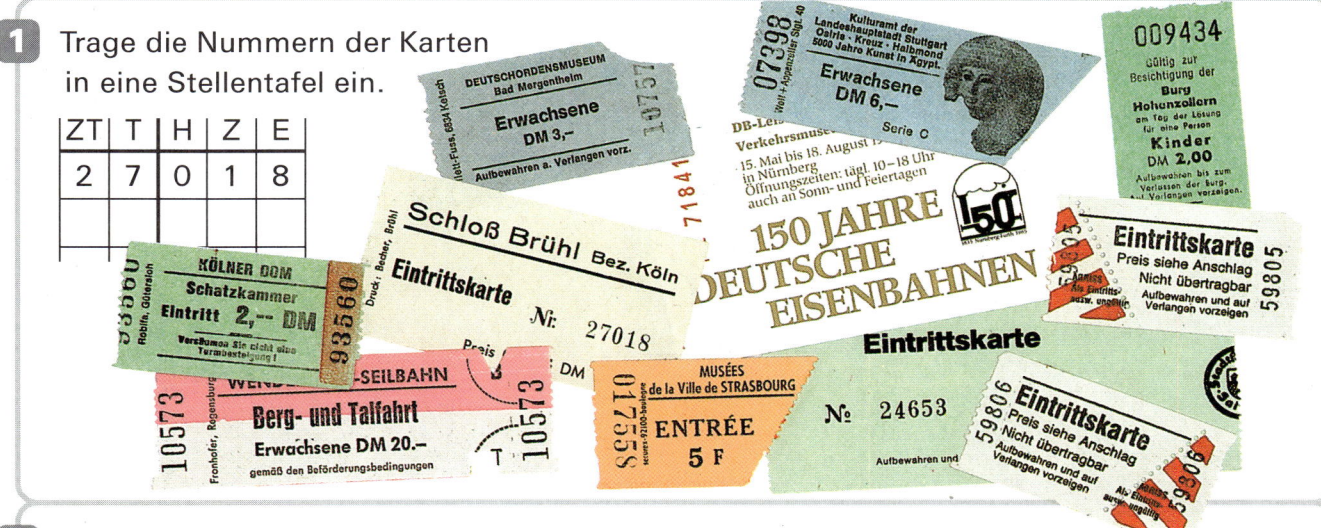

1 Trage die Nummern der Karten in eine Stellentafel ein.

ZT	T	H	Z	E
2	7	0	1	8

2 12 374 = 1 ZT + 2 T + 3 H + 7 Z + 4 E

a) 12 374 b) 52 916 c) 44 182 d) 28 884 e) 10 426 f) 80 037
   34 621   73 843   37 719   77 776   28 018   50 005
   81 795   65 398   89 662   99 999   67 309   30 303

3 Lies die Zahlen und schreibe sie mit Ziffern ins Heft.

a) achtzehntausendvierhundertneunzig
b) einundvierzigtausenddreihundertacht
c) sechsundfünfzigtausendsiebenhundertsiebzig
d) dreiunddreißigtausendvierhundertvierundvierzig
e) fünfundvierzigtausendzweihunderteinundzwanzig
f) dreißigtausendsechzig
g) siebzigtausendzwei
h) zwölftausendelf
i) neunundneunzigtausend
j) achtzigtausendacht

4 Diktiere deinem Nachbarn:

a) 13 474 b) 36 771 c) 36 363
   42 631   71 633   27 727
   34 812   42 222   45 454
   59 735   66 996   76 676
   84 568   40 404   98 889

5 Ordne nach dem Stellenwert und schreibe die Zahlen ins Heft:

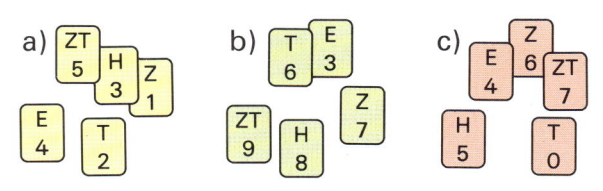

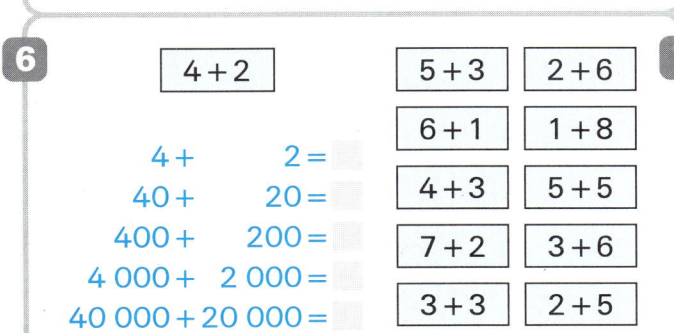

a) ZT 5, H 3, Z 1, E 4, T 2
b) T 6, E 3, ZT 9, Z 7, H 8
c) Z 6, ZT 7, E 4, H 5, T 0

6

4 + 2	5 + 3	2 + 6
	6 + 1	1 + 8
	4 + 3	5 + 5
	7 + 2	3 + 6
	3 + 3	2 + 5

4 +   2 =
40 +   20 =
400 +   200 =
4 000 + 2 000 =
40 000 + 20 000 =

7

5 − 3	6 − 4	9 − 5
	8 − 2	7 − 4
	7 − 3	8 − 6
	4 − 1	10 − 7
	5 − 2	6 − 3

5 −   3 =
50 −   30 =
500 −   300 =
5 000 − 3 000 =
50 000 − 30 000 =

Zeigen und rechnen

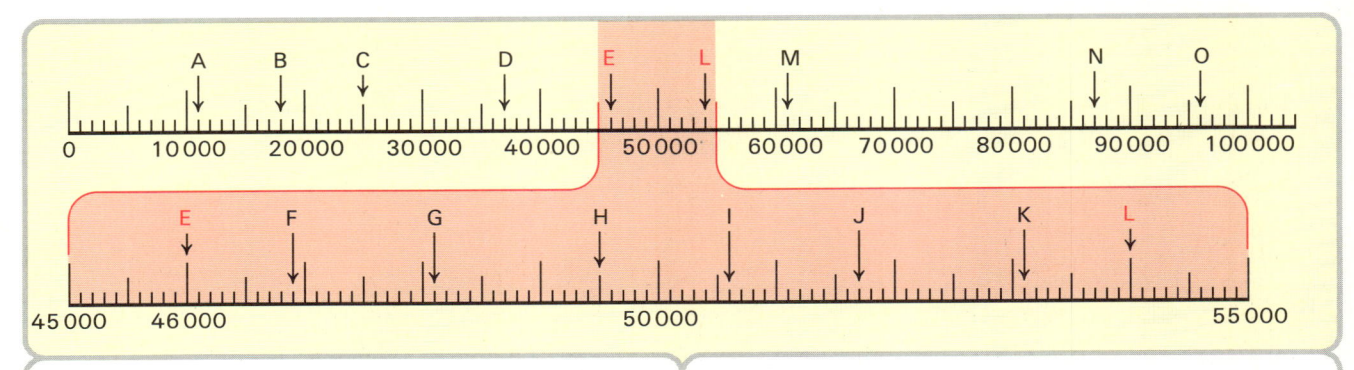

1 a) Zeige am oberen Zahlenstrahl:
5 000, 10 000, 12 000, 26 000,
31 000, 48 000, 75 000, 99 000
b) Wie heißen die „Pfeilzahlen"?
c) Zeige noch andere Zahlen.

2 a) Zeige am unteren Zahlenstrahl:
47 000, 47 500, 48 600, 49 900,
50 400, 51 300, 53 100, 54 700
b) Wie heißen die „Pfeilzahlen"?
c) Zeige noch andere Zahlen.

3 Ergänze zum nächsten Zehntausender:
17 000 + 3 000 =

| 17 000 | 63 000 | 56 000 | 38 000 |
| 29 500 | 89 200 | 49 700 | 79 100 |

4 Subtrahiere vom Zehntausender:
20 000 − 2 000 =

| 20 000 | 90 000 |
| 50 000 | 60 000 |

a) immer − 2 000
b) immer − 5 000
c) immer −   800
d) immer −   600

5 „Mehr als 19 000 DM wollen wir nicht ausgeben!"
„Dort ist noch ein Wagen für 9 000 DM!"
›DIE NEUEN‹ Gebrauchtwagen
21 000 DM / 38 000 km
16 000 DM / 41 000 km
23 000 DM / 35 000 km

6
a) 48 000 + 5 000
79 000 + 6 000
24 000 + 8 000
12 000 + 9 000
97 000 + 4 000

b) 53 000 − 5 000
31 000 − 4 000
27 000 − 9 000
64 000 − 8 000
92 000 − 7 000

c) 62 000 − 5 000
37 000 + 6 000
96 000 − 8 000
84 000 + 8 000
45 000 − 7 000

d) 65 000 + 9 000
46 000 + 7 000
88 000 − 9 000
14 000 − 6 000
58 000 + 5 000

7 „Der Kilometerzähler meines Autos zeigt 49 900 km an. Ich fahre nach..."
„Mein Kilometerzähler steht auf 60 200. Ich komme aus..."
„Mein Kilometerzähler steht auf 29 800."

Neustadt 300 km
Waldburg 200 km
Seeberg   150 km

8
a) 49 800 + 300
59 600 + 700
79 900 + 400
39 500 + 900
89 400 + 800

b) 50 400 − 600
90 100 − 400
70 300 − 500
80 200 − 300
60 500 − 800

c) 29 700 + 400
20 300 − 500
69 300 + 900
40 200 − 600
59 800 + 700

d) 30 500 − 700
50 100 − 300
49 600 + 800
79 500 + 600
90 400 − 800

Zeigen – ordnen – rechnen

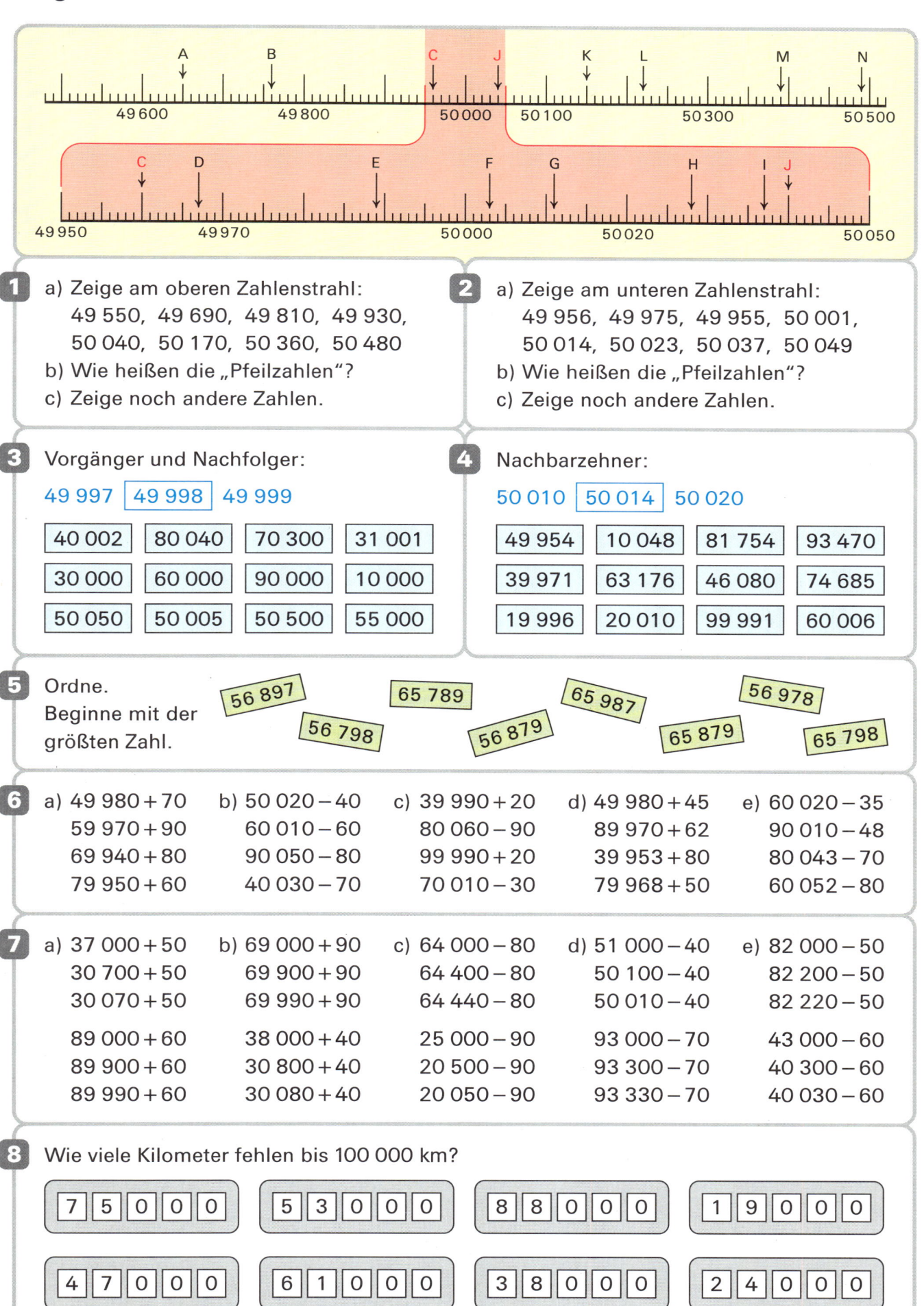

1 a) Zeige am oberen Zahlenstrahl:
49 550, 49 690, 49 810, 49 930,
50 040, 50 170, 50 360, 50 480
b) Wie heißen die „Pfeilzahlen"?
c) Zeige noch andere Zahlen.

2 a) Zeige am unteren Zahlenstrahl:
49 956, 49 975, 49 955, 50 001,
50 014, 50 023, 50 037, 50 049
b) Wie heißen die „Pfeilzahlen"?
c) Zeige noch andere Zahlen.

3 Vorgänger und Nachfolger:

49 997 | 49 998 | 49 999

40 002	80 040	70 300	31 001
30 000	60 000	90 000	10 000
50 050	50 005	50 500	55 000

4 Nachbarzehner:

50 010 | 50 014 | 50 020

49 954	10 048	81 754	93 470
39 971	63 176	46 080	74 685
19 996	20 010	99 991	60 006

5 Ordne. Beginne mit der größten Zahl.

56 897, 65 789, 65 987, 56 978, 56 798, 56 879, 65 879, 65 798

6
a) 49 980 + 70
59 970 + 90
69 940 + 80
79 950 + 60

b) 50 020 − 40
60 010 − 60
90 050 − 80
40 030 − 70

c) 39 990 + 20
80 060 − 90
99 990 + 20
70 010 − 30

d) 49 980 + 45
89 970 + 62
39 953 + 80
79 968 + 50

e) 60 020 − 35
90 010 − 48
80 043 − 70
60 052 − 80

7
a) 37 000 + 50
30 700 + 50
30 070 + 50

89 000 + 60
89 900 + 60
89 990 + 60

b) 69 000 + 90
69 900 + 90
69 990 + 90

38 000 + 40
30 800 + 40
30 080 + 40

c) 64 000 − 80
64 400 − 80
64 440 − 80

25 000 − 90
20 500 − 90
20 050 − 90

d) 51 000 − 40
50 100 − 40
50 010 − 40

93 000 − 70
93 300 − 70
93 330 − 70

e) 82 000 − 50
82 200 − 50
82 220 − 50

43 000 − 60
40 300 − 60
40 030 − 60

8 Wie viele Kilometer fehlen bis 100 000 km?

75 000 | 53 000 | 88 000 | 19 000

47 000 | 61 000 | 38 000 | 24 000

Multiplizieren und dividieren

1 
Wir haben 24 Packungen im Regal. 
1000 Briefmarken aus aller Welt 
Wir müssen 48 000 Briefmarken verpacken.

$24 \xrightarrow{\cdot 1000} 24\,000$

ZT	T	H	Z	E
			2	4
2	4	0	0	0

$\cdot 1000$

$48\,000 \xrightarrow{:1000} 48$

ZT	T	H	Z	E
4	8	0	0	0
			4	8

$: 1000$

2 Multipliziere immer mit 1 000.

| 12 | 24 | 36 | 48 | 99 |
| 18 | 34 | 52 | 70 | 86 |

3 Dividiere immer durch 1 000.

| 25 000 | 36 000 | 72 000 | 50 000 |
| 99 000 | 81 000 | 64 000 | 43 000 |

4
2 000 g   3 000 g     5 000 g

3 · 2 000 g = ▨   ▨ · 3 000 g = ▨   ▨ · ▨ = ▨

5 (4 · 6 = 24)

a) 4 · 6 000   b) 3 000 · 8
3 · 8 000   7 000 · 3
7 · 5 000   9 000 · 6
8 · 4 000   4 000 · 7
9 · 7 000   2 000 · 9
5 · 9 000   8 000 · 5

6 (3 · 2000 = 6000; 3 · 300 = □)

a) 3 · 2 300   b) 1 900 · 7
5 · 6 400   4 800 · 3
4 · 3 500   6 700 · 2
8 · 8 100   3 500 · 8
7 · 7 200   8 600 · 6
6 · 9 600   5 400 · 9

7 (12 : 4 = 3)

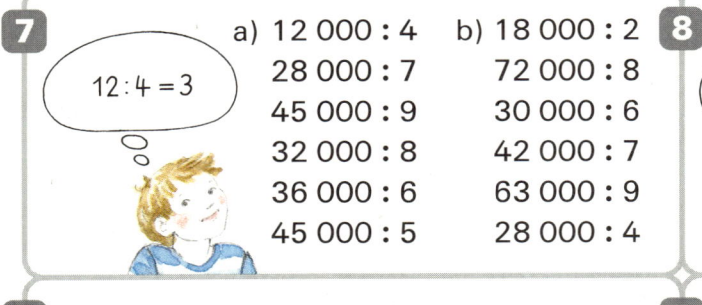

a) 12 000 : 4   b) 18 000 : 2
28 000 : 7   72 000 : 8
45 000 : 9   30 000 : 6
32 000 : 8   42 000 : 7
36 000 : 6   63 000 : 9
45 000 : 5   28 000 : 4

8 (16 000 : 4 = 4000; 1 200 : 4 = □)

a) 17 200 : 4   b) 28 000 : 5
37 800 : 6   13 800 : 2
24 900 : 3   72 900 : 9
46 000 : 5   44 000 : 8
28 000 : 8   30 000 : 4
22 400 : 7   32 400 : 6

9 Für ein Konzert wurden 3 000 Karten zu 9 DM und 2 000 Karten zu 6 DM verkauft.

10 18 000 Tennisbälle werden in Dosen zu je 3 Bällen verpackt, 24 000 Tennisbälle in Schachteln zu je 6 Bällen.

11 In einer Kellerei stehen 7 gleiche Tanks mit zusammen 63 000 l und 4 kleinere mit zusammen 30 000 l.

12 Ein Zirkuszelt faßt 4 000 Besucher. 6 Vorstellungen waren ausverkauft, 4 hatten je 3 200 Besucher.

Multiplizieren und dividieren

1 
a) Der Großhändler liefert dem Supermarkt am Mittwoch 50 Lagen mit Eiern.
b) Am Freitag liefert er 80 Lagen.

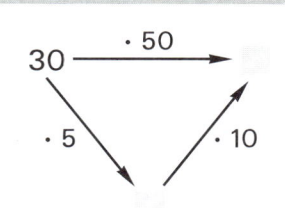

30 →·50→ ☐
·5 ↘   ↗·10
    ☐

2
a) 40·50	b) 30·70	c) 60·20	d) 60·80	e) 50·50	f) 25·60
60·50	30·40	90·70	30·20	80·80	41·50
90·50	30·60	80·40	80·60	70·70	83·30
70·50	30·80	70·60	20·30	90·90	62·80
100·50	30·90	60·70	30·30	60·60	63·80

3
30 →·600→ ☐
·6 ↘ ↗·100
   ☐

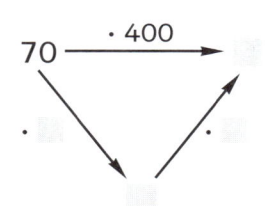

70 →·400→ ☐
· ↘ ↗·
   ☐

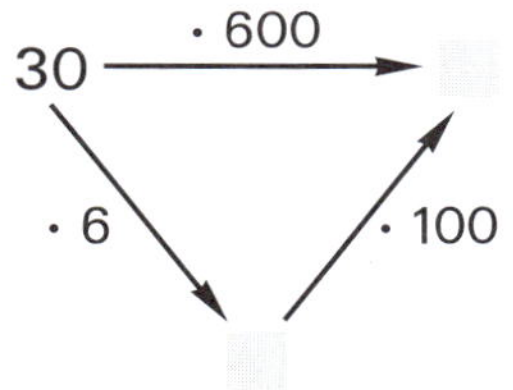

4
a) 40·600	b) 20·900	c) 200·80
70·600	90·300	700·50
30·400	70·800	500·90
80·400	60·500	900·60
90·400	40·700	800·70

5 
a) In der Fruchtsaftkellerei werden am Montag 8 000 Flaschen mit Apfelsaft in Kisten abgepackt.
b) Am Mittwoch werden 10 000 Flaschen verpackt.

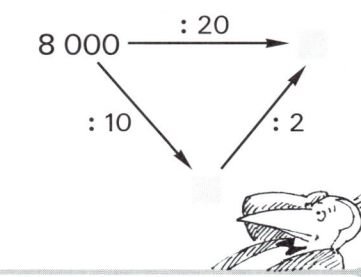

8 000 →:20→ ☐
:10 ↘   ↗:2
    ☐

6
a) 4 000 : 20	b) 18 000 : 30	c) 42 000 : 70	d) 35 000 : 50	e) 24 000 : 30
2 000 : 20	15 000 : 30	45 000 : 90	16 000 : 40	24 000 : 60
6 000 : 20	12 000 : 30	32 000 : 80	63 000 : 70	24 000 : 80
1 000 : 20	24 000 : 30	54 000 : 60	81 000 : 90	24 000 : 40
8 000 : 20	21 000 : 30	56 000 : 70	48 000 : 80	24 000 : 20

7
18 000 →:600→ ☐
:100 ↘   ↗:6
     ☐

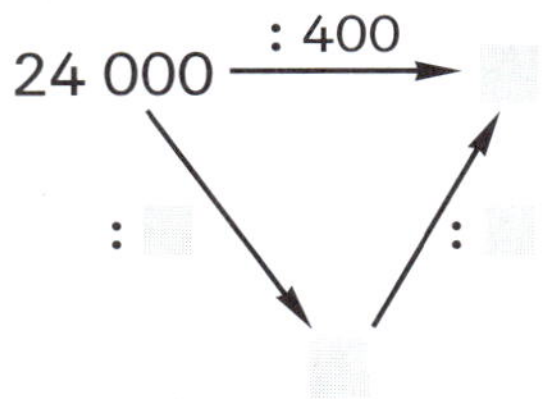

24 000 →:400→ ☐
: ↘   ↗:
   ☐

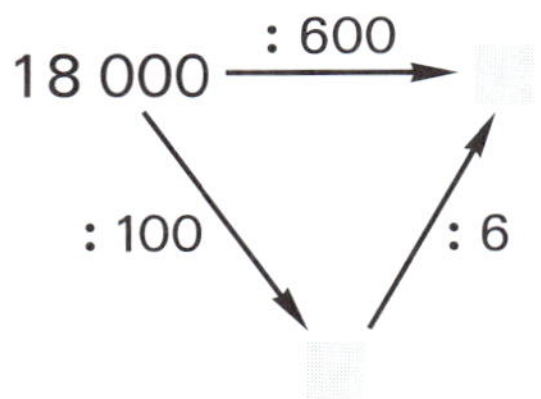

8
a) 32 000 : 800	b) 42 000 : 600
49 000 : 700	18 000 : 200
15 000 : 300	35 000 : 500
45 000 : 900	16 000 : 400
36 000 : 600	56 000 : 800

9 Der Lastzug einer Getränkefirma hat 540 Kästen mit je 20 Flaschen geladen. Der Supermarkt erhält 110 Kästen, der Maxi-Markt erhält 80 Kästen, und der Getränke-Großmarkt erhält 290 Kästen.
Wie viele Flaschen sind jetzt noch auf dem Lastzug? **Pz 3**

10 In einer Konservenfabrik werden Gurken- und Bohnengläser verpackt. Ein Karton mit Gurken enthält 40 Gläser, ein Karton mit Bohnen enthält 30 Gläser.
Am Montag werden 20 000 Gurkengläser und 18 000 Bohnengläser verpackt. **Pz 5; 6**

Rechenvorteile

1 Wie groß ist die Summe der Zahlen 360, 270 und 130?

Ich fasse die Zahlen geschickt zusammen!

360 + 270 + 130 = ☐
360 + (270 + 130) = ☐
360 + 400 = ☐

Fasse mit Klammern geschickt zusammen und rechne dann im Kopf.

a) 480 + 530 + 870
390 + 910 + 680
160 + 740 + 890
730 + 670 + 960
260 + 620 + 780

b) 1 800 + 3 200 + 4 700
6 400 + 5 600 + 8 500
5 200 + 4 800 + 7 900
9 800 + 8 700 + 5 300
7 400 + 4 700 + 7 600

c) 27 000 + 36 000 + 14 000
39 000 + 25 000 + 35 000
42 000 + 18 000 + 26 000
13 000 + 47 000 + 19 000
57 000 + 18 000 + 23 000

2 Wie groß ist die Summe von 294 und 367?

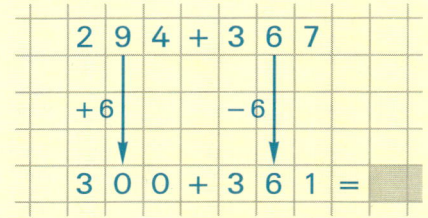

Ich verändere die Aufgabe geschickt!

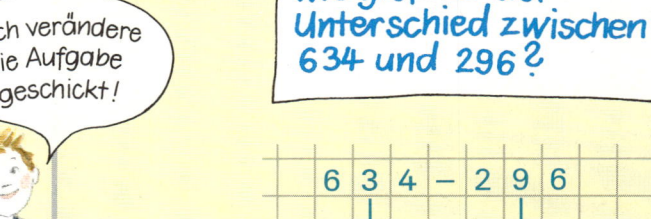

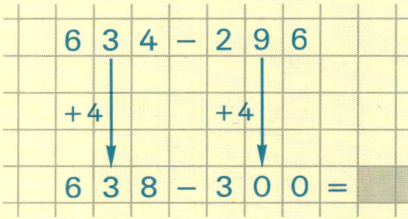

2 9 4 + 3 6 7
+6   −6
3 0 0 + 3 6 1 =

a) 294 + 367
689 + 762
847 + 693
938 + 587
689 + 341

b) 29 600 + 34 700
13 800 + 69 500
49 700 + 26 300
57 400 + 19 800
42 300 + 38 700

3 Wie groß ist der Unterschied zwischen 634 und 296?

6 3 4 − 2 9 6
+4   +4
6 3 8 − 3 0 0 =

a) 634 − 296
763 − 489
938 − 595
804 − 397
612 − 213

b) 65 600 − 29 900
83 200 − 49 600
90 100 − 37 300
70 200 − 53 400
99 600 − 27 100

4 Wie groß ist das Fünffache von 397?

Diese Aufgaben kann man auch geschickt verändern!

397 · 5 = ☐
(400 · 5) − (3 · 5) = ☐
2 000 − 15 = ☐

a) 397 · 5
693 · 4
894 · 7
797 · 6
999 · 9

b) 3 997 · 4
6 991 · 3
4 998 · 8
7 992 · 7
8 999 · 9

c) 2 989 · 2
4 987 · 4
3 985 · 6
5 986 · 3
8 998 · 8

5 Rechne im Kopf.

26 000 + 17 000 + 43 000
696 + 778
903 − 564
245 + 685
4996 · 2
395 · 4
1998 · 3
652 − 397
588 + 432
349 + 892
843 − 496
707 − 352
297 · 5
16 000 + 54 000 + 28 000

Schriftliches Rechnen

1

"In unserer Stadt wohnen 28 660 Menschen!"
"Die Kreisstadt hat 43 980 Einwohner!"
"Das sind ja über 70 000 Menschen!"

Aufgabe: 28 660 + 43 980

Überschlag: 30 000 + 40 000 =

Rechnung:
```
  28660
+ 43980
```

Antwort:

2
24 793   34 716   44 649
+63 831   +53 827   +43 172

3
56 483   84 139   91 093
−47 462   −47 452   −63 487

4
a) 19 874 + 26 383 + 43 724
b) 36 418 + 18 722 + 50 098
c) 43 614 + 20 138 + 31 993
d) 16 717 + 4 536 + 73 846
e) 12 345 + 45 678 + 6 789
f) 47 983 + 6 328 + 45 688

105 238   21 369
95 099
17 901
64 812   95 745
89 981
13 689   18 269
20 903
99 999   1 008

g) 84 371 − 43 184 − 27 498
h) 91 418 − 52 143 − 18 372
i) 78 004 − 36 117 − 23 618
j) 99 999 − 8 754 − 69 876
k) 98 765 − 76 543 − 4 321
l) 88 888 − 14 789 − 73 091

5

"Im letzten Jahr hat unsere Stadt 28 950 DM für Spielplätze ausgegeben!"
"Das sind ja fast 90 000 DM!"
"In diesem Jahr ist dreimal soviel Geld vorgesehen!"

Aufgabe: 28 950 · 3

Überschlag: 30 000 · 3 =

Rechnung: 2 8 9 5 0 · 3

Antwort:

6
a)	Pz	b)	Pz	c)	Pz	d)	Pz	e)	Pz
23 412 · 3	18	39 881 · 2	31	12 418 · 8	29	14 271 · 7	42	16 433 · 6	39
16 149 · 5	24	15 468 · 6	27	49 709 · 2	31	23 016 · 4	21	18 170 · 5	22
21 317 · 4	29	31 067 · 3	15	19 843 · 5	26	10 708 · 9	27	11 984 · 8	31
12 345 · 7	24	11 089 · 9	27	16 606 · 6	33	12 499 · 8	38	14 285 · 7	41

7

12 121 → ·7 → □ → +15 152 → □ → −87 987 → □ → ·8 → □ → −96 095 → 1

12 345 → ·6 → □ → −63 614 → □ → ·9 → □ → −45 917 → □ → +51 813 → 100 000

6 173 → ·4 → □ → +19 641 → □ → −33 444 → □ → ·6 → □ → −15 334 → 50 000

üben!

43

Einwohnerzahlen

BERGHEIM
aktuell Zahlen – Daten

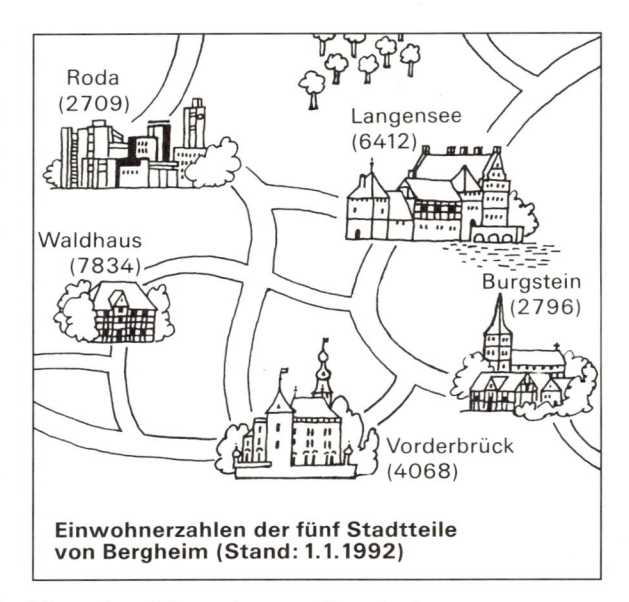

Einwohnerzahlen der fünf Stadtteile von Bergheim (Stand: 1.1.1992)
- Roda (2709)
- Langensee (6412)
- Waldhaus (7834)
- Burgstein (2796)
- Vorderbrück (4068)

Entwicklung der Einwohnerzahlen				
Jahr	1849	1950	1970	1981
Einwohner	7 725	10 849	17 923	23 477

Die Stadt Bergheim hat 5 Grundschulen mit zusammen 1214 Grundschülern. Die älteren Schüler besuchen das Schulzentrum mit 4 Schulen und zusammen 2957 Schülern.

Von den Einwohnern Bergheims waren am 1.1.1992 insgesamt 15 005 Einwohner zwischen 18 und 64 Jahren alt. 5954 Einwohner waren unter 18 Jahren alt.

---

1 Wie viele Einwohner hatte Bergheim am 1.1.1992 insgesamt? **Pz 23**

2 Wie viele Einwohner hatte Bergheim 1981 mehr als im Jahre 1849? **Pz 20**

3 Wie viele Einwohner waren am 1.1.1992 jünger als 64 Jahre? **Pz 25**

4 Wie viele Einwohner waren älter als 64 Jahre? **Pz 16**

5 Wie viele Schüler besuchen insgesamt die Schulen in Bergheim? **Pz 13**

6 Berechne den Unterschied zwischen der Schülerzahl in den Grundschulen und der Schülerzahl im Schulzentrum! **Pz 15**

7 Wie viele Einwohner haben Roda und Waldhaus zusammen? **Pz 13**

8 Wie viele Einwohner hat Burgstein weniger als Langensee? **Pz 16**

9 Denke dir weitere Aufgaben mit Zahlen aus Bergheim aus!

Sammle Zahlen aus deinem Wohnort. Denke dir Aufgaben aus!

Wiederholen und knobeln

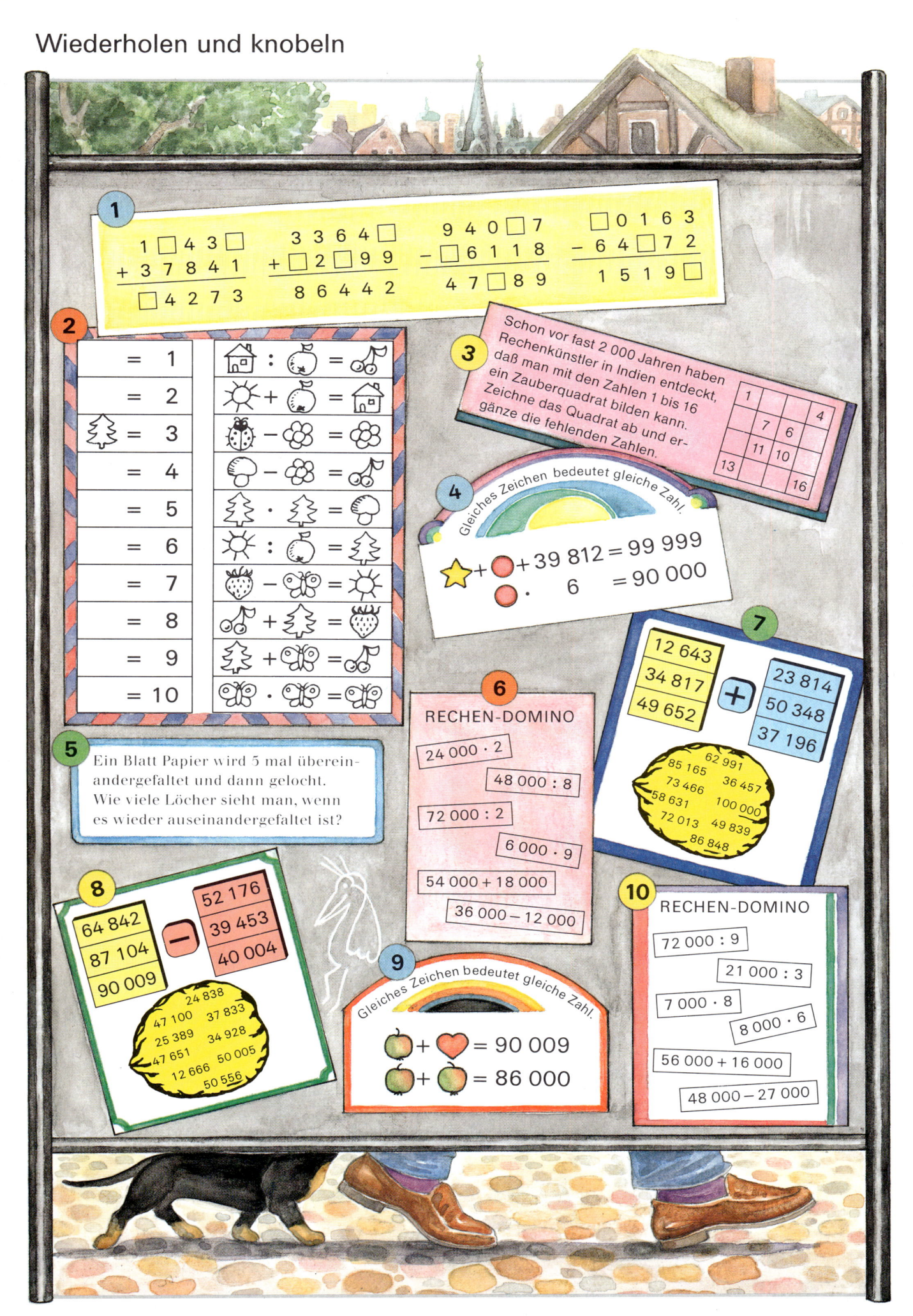

1.
```
  1 □ 4 3 □         3 3 6 4 □        9 4 0 □ 7         □ 0 1 6 3
+ 3 7 8 4 1       + □ 2 □ 9 9      − □ 6 1 1 8       − 6 4 □ 7 2
─────────         ─────────        ─────────         ─────────
  □ 4 2 7 3         8 6 4 4 2        4 7 □ 8 9         1 5 1 9 □
```

2.
🍒 = 1	🏠 : 🍎 = 🍒
🦋 = 2	☀ + 🍎 = 🏠
🌲 = 3	🐞 − 🌸 = 🌸
🍎 = 4	🍄 − 🌸 = 🍒
🌸 = 5	🌲 · 🌲 = 🍄
☀ = 6	☀ : 🍎 = 🌲
🐞 = 7	🍓 − 🦋 = ☀
🍄 = 8	🍒 + 🌲 = 🍓
🏠 = 9	🌲 + 🦋 = 🍒
🍓 = 10	🦋 · 🦋 = 🍎

3. Schon vor fast 2 000 Jahren haben Rechenkünstler in Indien entdeckt, daß man mit den Zahlen 1 bis 16 ein Zauberquadrat bilden kann. Zeichne das Quadrat ab und ergänze die fehlenden Zahlen.

1			4
	7	6	
	11	10	
13			16

4. Gleiches Zeichen bedeutet gleiche Zahl.

⭐ + 🔴 + 39 812 = 99 999
🔴 · 6 = 90 000

5. Ein Blatt Papier wird 5 mal übereinandergefaltet und dann gelocht. Wie viele Löcher sieht man, wenn es wieder auseinandergefaltet ist?

6. RECHEN-DOMINO

- 24 000 · 2
- 48 000 : 8
- 72 000 : 2
- 6 000 · 9
- 54 000 + 18 000
- 36 000 − 12 000

7.
12 643		23 814
34 817	+	50 348
49 652		37 196

62 991   85 165   36 457   73 466   58 631   100 000   72 013   49 839   86 848

8.
64 842		52 176
87 104	−	39 453
90 009		40 004

24 838   47 100   37 833   25 389   34 928   47 651   50 005   12 666   50 556

9. Gleiches Zeichen bedeutet gleiche Zahl.

🍏 + ❤ = 90 009
🍏 + 🍏 = 86 000

10. RECHEN-DOMINO

- 72 000 : 9
- 21 000 : 3
- 7 000 · 8
- 8 000 · 6
- 56 000 + 16 000
- 48 000 − 27 000

Schriftliches Multiplizieren mit Zehnern und Hundertern

1 Heute sollen 30 Paletten mit je 1512 Flaschen verladen werden!

Herr Baumann, wieviel Flaschen sind das wohl zusammen?

1512 · 30
· 3 ↘ ↗ · 10

```
1 5 1 2 · 3        4 5 3 6 · 1 0      kürzer:  1 5 1 2 · 3 0
    4 5 3 6            4 5 3 6 0               4 5 3 6 0
```

2
a) An heißen Sommertagen hat Herr Baumann schon 50 Paletten verladen. Pz 18
b) Im Winter sind es manchmal nur 20 Paletten am Tag. Pz 9
c) In die kleine Lagerhalle passen 90 Paletten. Pz 18

3
a) 519 · 20   b) 683 · 50   c) 2 345 · 30   d) 2 490 · 40
   872 · 40   748 · 80   4 509 · 20   1 245 · 80
   436 · 80   999 · 90   1 149 · 50   3 298 · 30

10 380   34 880
34 150   59 840
89 910   70 350
90 180   57 450
99 600   98 940

4 458 · 200 = 91 600

a) 458 · 200   b) 195 · 500   c) 290 · 300
   985 · 300   224 · 800   2 900 · 30
   163 · 400   448 · 400   1 450 · 60

295 500
65 200   91 600
         179 200
97 500
87 000

5 Eine Abfüllmaschine füllt in einer Stunde 2 490 Flaschen Limonade ab. Die Maschine ist in jeder Woche 40 Stunden in Betrieb. Pz 24

6 Im letzten Jahr ist Herr Fuhrmann an 200 Tagen mit dem Getränkewagen unterwegs gewesen. Seine tägliche Strecke ist ungefähr 195 km lang. Pz 12

7
a) 38 · 10 · 90   b) 30 · 109 · 20   c) 60 · 30 · 50   d) 125 · 4 · 200   e) 35 · 2 · 250   f) 84 · 6 · 150

34 200
65 400
90 000
100 000
17 500
75 600

8 Im Kopf oder schriftlich?
a) 350 · 20   b) 750 · 40   c) 300 · 250   d) 857 · 30
   350 · 200   333 · 30   400 · 250   475 · 200
   123 · 30   987 · 60   4 908 · 20   508 · 40
   123 · 300   700 · 14   105 · 60   80 · 984

9 72 000 = ☐ · ☐ · ☐

90   40   80
  20   10   45

10 48 000 = ☐ · ☐ · ☐

24 100 60 50 12 30
  10 16 40 20 80

46

Schriftliches Multiplizieren mit zweistelligen Zahlen

1

Im Training für den Marathonlauf bin ich in 7 Tagen 173 km gelaufen!

Wenn Du jede Woche gleich viel läufst, ist das aber eine ganz schöne Strecke im Jahr!

Aufgabe: 173 · 52

Überschlag: 200 · 50 = 10 000

Kurzform:

Rechnung:

1 7 3 · 5 0	1 7 3 · 2	8 6 5 0
8 6 5 0	3 4 6	+ 3 4 6

1 7 3 · 5 2
8 6 5 0
+ 3 4 6

2
	Pz		Pz		Pz		Pz		Pz
a) 92 · 13	17	b) 835 · 17	20	c) 426 · 27	9	d) 748 · 85	22	e) 607 · 68	20
74 · 25	14	326 · 12	15	586 · 39	21	690 · 48	9	725 · 88	17
83 · 32	19	572 · 14	16	308 · 43	14	437 · 71	13	999 · 99	27

3 Das Lehrschwimmbecken wird mit Wasser gefüllt. Der Hausmeister läßt in einer Stunde ungefähr 3 920 l Wasser einlaufen. Nach 23 Stunden ist das Becken gefüllt.

Aufgabe: 3 920 · 23

Überschlag: 4 000 · 20 =

Rechnung:
3 9 2 0 · 2 3
7 8 4 0 0
6 0

4
	Pz		Pz		Pz		Pz		Pz
a) 8 576 · 11	25	b) 3 152 · 18	27	c) 3 293 · 27	27	d) 1 270 · 77	32	e) 6 250 · 16	1
5 243 · 12	24	4 286 · 19	20	2 746 · 32	32	1 070 · 85	23	3 125 · 32	1
3 132 · 13	18	6 823 · 13	40	2 185 · 43	31	2 900 · 34	23	4 000 · 25	1

5
a) 19 · 91 · 48   b) 39 · 27 · 46   c) 44 · 33 · 55   d) 22 · 75 · 25   e) 24 · 66 · 59   f) 58 · 47 · 36

82 992 48 438 79 860 41 250 93 456 98 136

6 Rechne zuerst aus, was in den Klammern steht.

a) (3 · 3) + (4 · 4) + (12 · 12) = ▩
   13 · 13 = ▩

b) (4 · 4) + (5 · 5) + (20 · 20) = ▩
   21 · 21 = ▩

c) (5 · 5) + (6 · 6) + (30 · 30) = ▩
   31 · 31 = ▩

d) (6 · 6) + (7 · 7) + (42 · 42) = ▩
   43 · 43 = ▩

Schriftliches Multiplizieren mit dreistelligen Zahlen

1 Die Milchkühe von Bauer Ernst geben täglich im Durchschnitt 239 l Milch. Wieviel Liter sind das in einem Jahr?

Aufgabe: 239 · 365

Überschlag: 200 · 400 =

Rechnung:

```
239 · 300        239 · 60        239 · 5
 71700            14340           1195
                                 71700
                                +14340
                                + 1195
```

Ich rechne nur eine Aufgabe!

Kurzform:
```
239 · 365
 71700
 14340
  1195
```

2
a) 131 · 123 Pz 12
243 · 212 18
309 · 142 30

b) 318 · 312 Pz 27
863 · 114 30
246 · 342 18

c) 418 · 236 Pz 35
275 · 327 33
521 · 135 18

d) 430 · 126 Pz 18
380 · 215 16
160 · 625 1

e) 125 · 125
175 · 175
225 · 225
...

3 Nullen — *Diese Nullen brauch' ich nicht!*

```
364 · 230        364 · 230
 72800            72800
 10920            10920
    000
```

a) 364 · 230 Pz 20
714 · 120 27
413 · 210 24

b) 285 · 340 Pz 24
170 · 560 16
327 · 190 12

c) 426 · 208 Pz 30
816 · 102 18
126 · 603 36

d) 209 · 409 Pz 26
180 · 507 18
207 · 280 27

e) 200 · 250 Pz 5
400 · 250 1
300 · 250 12

4 Hausmeister Krause verkauft durchschnittlich 180 Kakao und 110 Milch am Tag. Wieviel Flaschen sind das im Schuljahr (205 Tage)? Pz 18; 14; 23

5 Herr Krause hat festgestellt, daß an jedem Schultag durchschnittlich 280 l Müll anfallen. Wieviel Liter Müll ergibt das an 205 Schultagen? Pz 16

6 Rechne zur Kontrolle auch die Tauschaufgabe!

```
317 · 259        259 · 317
 63400            77700
 15850            2590
```

317·259 | 153·486 | 709·130 | 245·256
444·218 | 987·76 | 158·612 | 631·136

7 Immer 2 Lösungen sind falsch. Kannst du sie durch Überschlagen finden? Rechne dann genau.

Ich achte auch auf die Endziffern!

a) 95 · 75 = 7 125
62 · 38 = 1 990
89 · 47 = 4 183
73 · 53 = 3 306

b) 486 · 84 = 4 824
219 · 52 = 11 388
976 · 68 = 66 368
507 · 97 = 41 054

c) 159 · 125 = 11 875
327 · 216 = 70 632
515 · 145 = 74 674
140 · 637 = 89 180

Schriftliches Multiplizieren

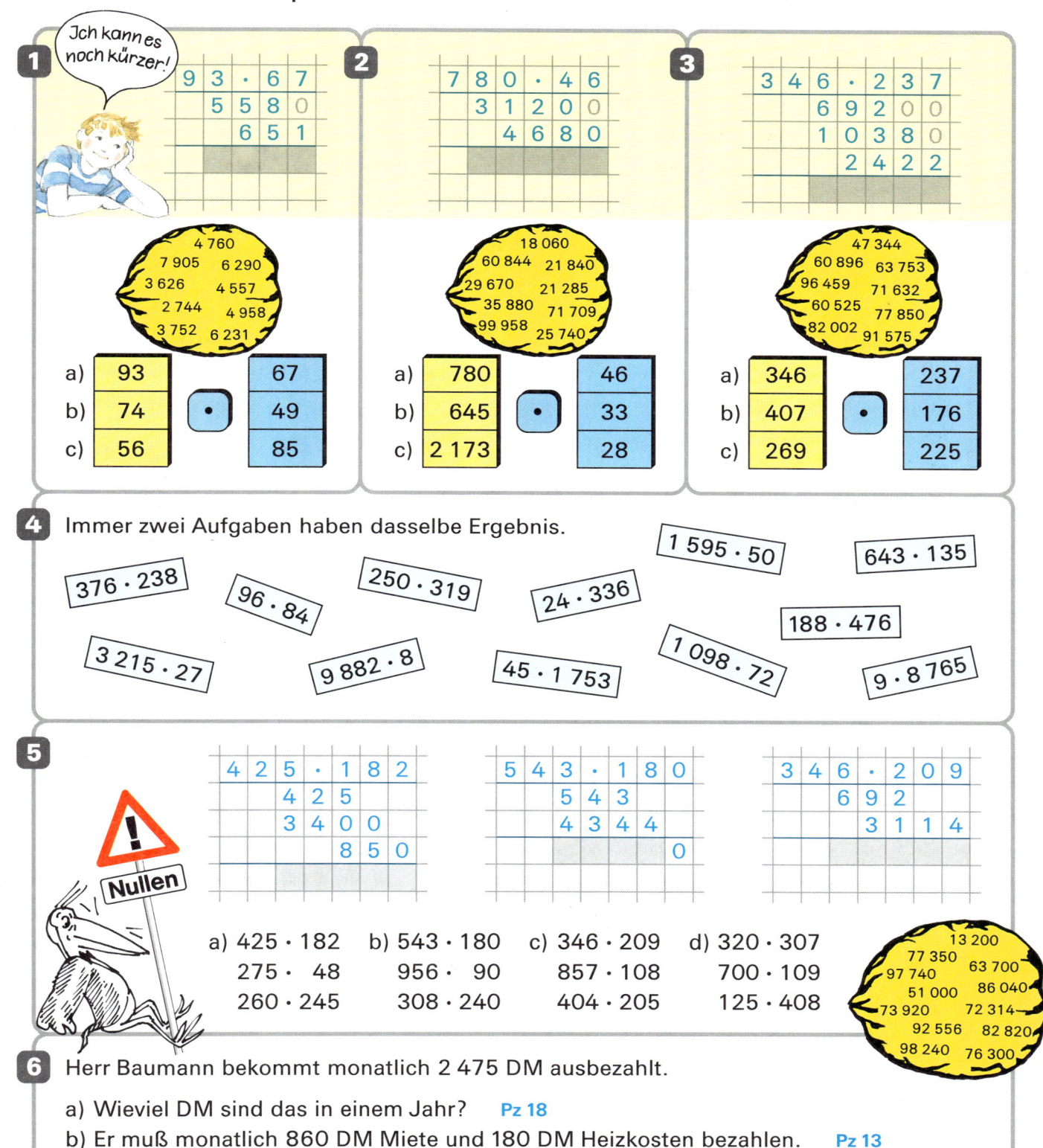

1 *Ich kann es noch kürzer!*

```
 9 3 · 6 7
 5 5 8 0
   6 5 1
```

2
```
 7 8 0 · 4 6
 3 1 2 0 0
   4 6 8 0
```

3
```
 3 4 6 · 2 3 7
 6 9 2 0 0
 1 0 3 8 0
   2 4 2 2
```

Zahlen: 4 760, 7 905, 6 290, 3 626, 4 557, 2 744, 4 958, 3 752, 6 231

a) 93 · 67
b) 74 · 49
c) 56 · 85

Zahlen: 18 060, 60 844, 21 840, 29 670, 21 285, 35 880, 71 709, 99 958, 25 740

a) 780 · 46
b) 645 · 33
c) 2 173 · 28

Zahlen: 47 344, 60 896, 63 753, 96 459, 71 632, 60 525, 77 850, 82 002, 91 575

a) 346 · 237
b) 407 · 176
c) 269 · 225

4 Immer zwei Aufgaben haben dasselbe Ergebnis.

376 · 238   96 · 84   250 · 319   24 · 336   1 595 · 50   643 · 135
3 215 · 27   9 882 · 8   45 · 1 753   1 098 · 72   188 · 476   9 · 8765

5 ⚠ Nullen

```
 4 2 5 · 1 8 2
 4 2 5
 3 4 0 0
   8 5 0
```

```
 5 4 3 · 1 8 0
 5 4 3
 4 3 4 4
       0
```

```
 3 4 6 · 2 0 9
 6 9 2
 3 1 1 4
```

a) 425 · 182   b) 543 · 180   c) 346 · 209   d) 320 · 307
   275 · 48   956 · 90   857 · 108   700 · 109
   260 · 245   308 · 240   404 · 205   125 · 408

Zahlen: 13 200, 77 350, 63 700, 97 740, 86 040, 51 000, 73 920, 72 314, 92 556, 82 820, 98 240, 76 300

6 Herr Baumann bekommt monatlich 2 475 DM ausbezahlt.

a) Wieviel DM sind das in einem Jahr?   Pz 18
b) Er muß monatlich 860 DM Miete und 180 DM Heizkosten bezahlen.   Pz 13
c) Im nächsten Jahr bekommt er monatlich 143 DM mehr.   Pz 15

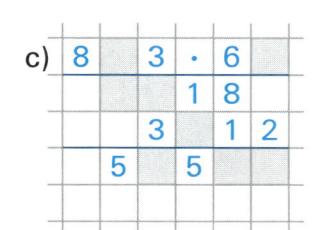

7 Schreibe ab und ergänze die fehlenden Ziffern.

a)
```
 9 · 3
 7 3
 3 6 4
 3
```

b)
```
   · 2 1
 3 6 4
```

c)
```
 8   3 · 6
       1 8
     3 1 2
   5 5
```

d)
```
   · 2 1
 6 2 4
 1 2
 1 9
```

49

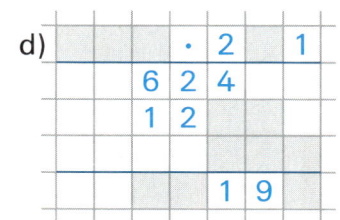

Sachaufgaben

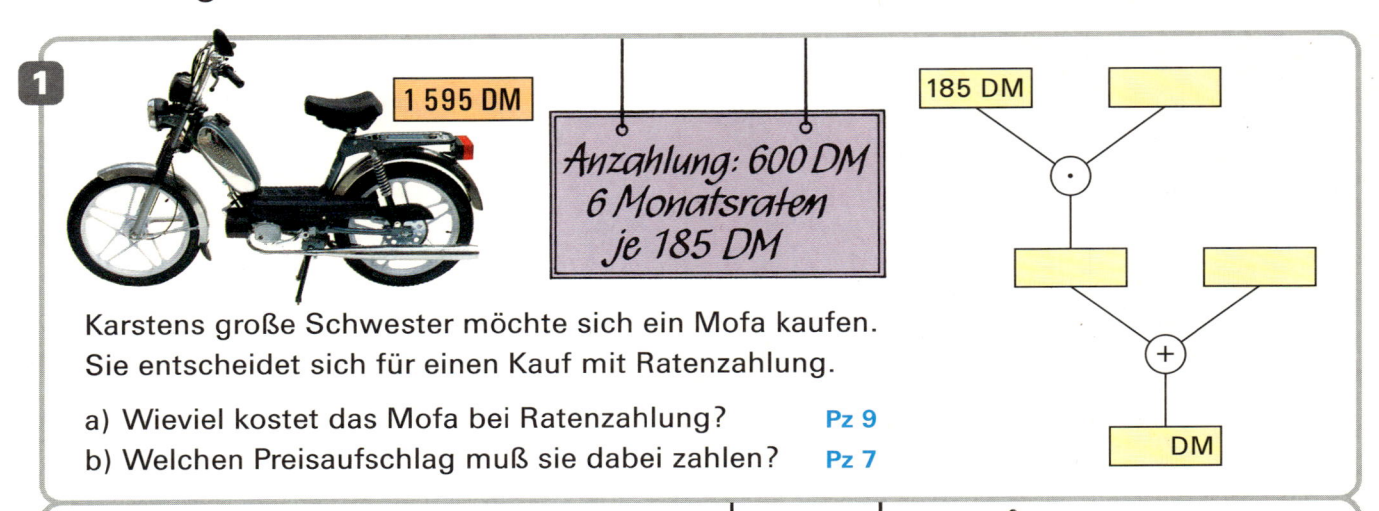

1 1 595 DM

Anzahlung: 600 DM
6 Monatsraten
je 185 DM

185 DM

Karstens große Schwester möchte sich ein Mofa kaufen.
Sie entscheidet sich für einen Kauf mit Ratenzahlung.

a) Wieviel kostet das Mofa bei Ratenzahlung?   Pz 9
b) Welchen Preisaufschlag muß sie dabei zahlen?   Pz 7

2 In einem anderen Geschäft kann man zwischen verschiedenen Ratenangeboten wählen.

nur 1698 DM

a) Berechne den Endpreis für jedes Angebot.
b) Wie hoch ist jedesmal der Preisaufschlag?

Bestimmen Sie Ihren Zahlungsplan!

Anzahlung nur 250 DM
9 Monate je 178 DM

Anzahlung: 480 DM
nur 6 Monate zu 218 DM

Anzahlung: 350 DM
12 Monate nur 128 DM

3 Frau Weber fährt täglich 27 km mit dem Mofa zur Arbeit.
Sie arbeitet an 238 Tagen im Jahr.
Wieviel Kilometer legt sie dafür jährlich zurück?   Pz 18

4 Herr Georgidis ist Taxifahrer.
Er legt durchschnittlich in der Woche 1 850 km zurück.
Wieviel km sind es im Jahr, wenn er 47 Wochen arbeitet?   Pz 28

5 Ein Zweiradhändler bestellt:

15 Fahrräder	zu	568 DM
12 Mountain-Bikes	zu	988 DM
8 Mofas	zu	1 468 DM

Schreibe eine Rechnung!   Pz 8

6 Fahrradhelme gibt es für 69 DM.
Die Albert-Schweitzer-Schule macht eine Sammelbestellung für 128 Schüler, dann gibt es die Helme 12 DM billiger.

a) Wieviel Geld wird gespart?   Pz 15
b) Schreibe die Rechnung.   Pz 24

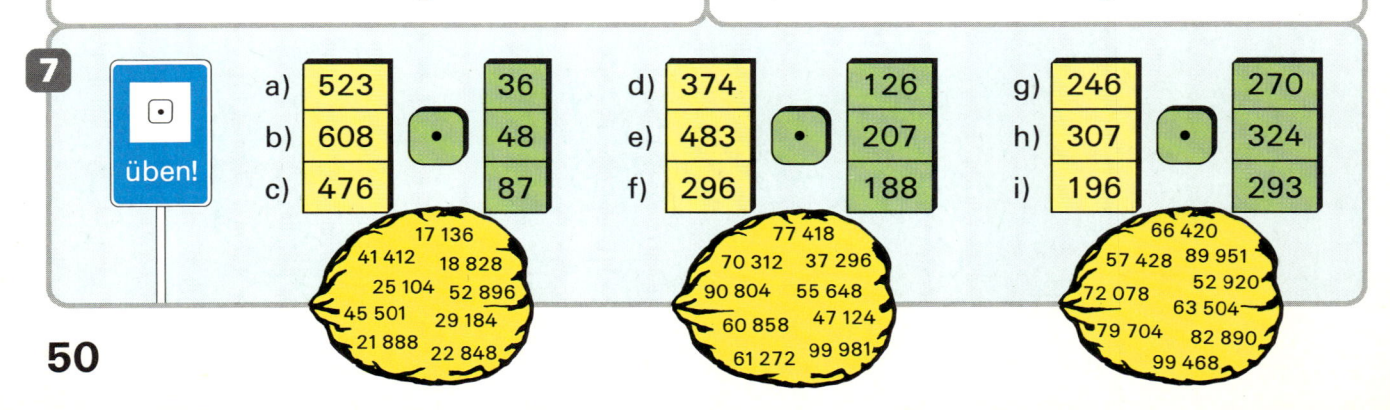

7 üben!

a) 523 · 36
b) 608 · 48
c) 476 · 87

d) 374 · 126
e) 483 · 207
f) 296 · 188

g) 246 · 270
h) 307 · 324
i) 196 · 293

17 136   41 412   18 828   25 104   52 896   45 501   29 184   21 888   22 848

77 418   70 312   37 296   90 804   55 648   60 858   47 124   61 272   99 981

66 420   57 428   89 951   52 920   72 078   63 504   79 704   82 890   99 468

Wasser

Wasser wird knapper und deshalb immer teurer. Für 1 000 l muß man zwischen 2,40 DM und 4,20 DM bezahlen! Stelle fest, wie hoch der Wasserpreis bei euch ist.

Bedenke, daß wir nur das wenigste von dem Wasser wirklich *verbrauchen* – das meiste fließt als Schmutzwasser wieder in die Kanalisation. Auch für das Abwasser müssen Gebühren gezahlt werden, zwischen 2,80 DM und 3,80 DM für 1 000 l. Wie hoch sind die Kanalgebühren bei euch?

1 Schreibe in einer Tabelle auf, wo Wasser verbraucht wird und wo es als Schmutzwasser in die Kanalisation fließt:

verbrauchtes Wasser	Schmutzwasser
Trinken	

2 Wie hoch ist der tägliche Wasserverbrauch durchschnittlich pro Kopf in Deutschland?
Wieviel Wasser verbraucht eine vierköpfige Familie bei uns?
Wie ist es in anderen Ländern der Erde?

3 Welche Kosten entstehen pro Person im Monat
— für Frischwasser?
— für Abwasser?
Wie hoch sind die monatlichen Kosten für eine Familie?

4 Überlege, wie man Wasser im Haushalt einsparen kann. Hier und auf Seite 34 findest du einige Anregungen:

Füllmenge: 4 kg Wäsche
Wasserverbrauch:
— Kochwäsche 90°: **25 l** je kg Wäsche
— Sparprogramm 60°: **20 l** je kg
— Pflegeleicht 40°: **42 l** je kg

Spülstop-Taste!

nur 25 l

140 l

So viel Wasser verbraucht jeder in Deutschland durchschnittlich am Tag:

- 4 l — Trinken u. Kochen
- 6 l — Blumen u. Garten
- 8 l — Geschirrspülen
- 12 l — Sonstiges
- 15 l — Körperpflege
- 30 l — Wäschewaschen
- 35 l — Duschen, Baden
- 40 l — Toilettenspülung

Gewicht

1 Was paßt zusammen?

Baby	35 t	Ziegelstein	100 t	Fahrrad	1 t
Kran auf dem Foto					
8 t	Hühnerei	70 g	12 g	Eimer Wasser	
10 kg	Pkw	1-Pf-Stück	15 kg	Betonröhre auf dem Foto	4 kg
2 kg	Herr Müller	78 kg	Blaumeise	2 g	D-Zug-Lok

Tonne und Kilogramm

1 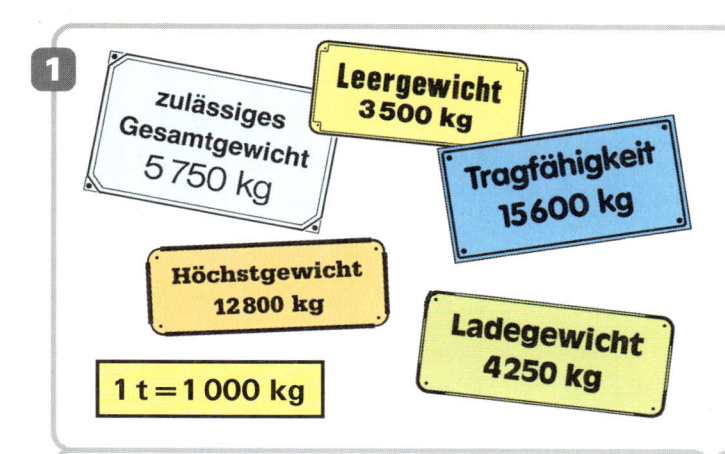
- zulässiges Gesamtgewicht 5 750 kg
- Leergewicht 3 500 kg
- Tragfähigkeit 15 600 kg
- Höchstgewicht 12 800 kg
- Ladegewicht 4 250 kg
- 1 t = 1 000 kg

Trage die Gewichtsangaben in eine Tabelle ein und schreibe als Kommazahlen:

	t	kg			
3 500 kg	3	5	0	0	3,500 t

Das Komma trennt Tonnen und Kilogramm.

2 Trage in eine Tabelle ein wie oben:
a) 2 700 kg; 5 420 kg; 3 065 kg; 15 400 kg; 840 kg; 40 kg; 5 kg
b) 4,600 t; 8,240 t; 2,035 t; 5 t; 12,600 t; 1,260 t; 0,126 t; 0,500 t; 0,050 t; 0,005 t; 500 t

3
a) Schreibe als Tonne mit Komma:
4 370 kg; 6 515 kg; 3 085 kg; 1 006 kg; 850 kg; 140 kg; 14 kg
b) Schreibe als Kilogramm:
2,450 t; 6,065 t; 15,600 t; 12 t; 4 t; $\frac{1}{2}$ t; 0,075 t; 0,005 t; 50 t

4 Runde auf volle Tonnen:
a) 6 250 kg b) 2 278 kg c) 4,380 t
   7 820 kg   3 085 kg   2,068 t
   1 503 kg   12 490 kg   0,820 t
   4 446 kg   20 750 kg   13,500 t

5 > oder < oder = ?
5,260 t ☐ 5 026 kg
0,850 t ☐ 850 kg
1,065 t ☐ 1 650 kg
10,600 t ☐ 16 000 kg

6 Ordne nach dem Gewicht:
a) 4 250 kg; 3 860 t; 4 t 500 kg; 5 t
b) 3 t 700 kg; 5,060 t; 50 t; 4 000 kg
c) 850 kg; 0,780 t; $\frac{1}{2}$ t; 0,095 t
d) 12 000 kg; 15 t; 8,950 t; 20,005 t

7 Das sind 2 t 800 kg!

Schreibe als Tonne und Kilogramm:
2,8 t = 2 t 800 kg

a) 3,5 t   b) 7,1 t   c) 10,5 t
   4,7 t   3,9 t   25,3 t
   2,1 t   9,4 t   17,1 t
   8,4 t   0,5 t   35,8 t
   0,8 t   1,7 t   16,8 t

8 Der Lastwagen hat ein zulässiges Gesamtgewicht von 7,490 t. Sein Leergewicht beträgt 3 250 kg. 
a) Wieviel kg darf der Lkw laden? Pz 10
b) Es sollen 18 Stahlträger von jeweils 245 kg transportiert werden.

9 Ein Lastwagen darf mit 10 t beladen werden. Er soll 12 Kisten von je 245 kg, 15 Kisten von je 185 kg und 24 Kisten von je 168 kg transportieren. Ist das zulässig?
Pz 27

Ich habe eine Tonne!

Kilogramm und Gramm

1

a) Zu welchen Artikeln passen diese Gewichte: 500 g, 2 500 g, 150 g, 1 000 g, 2 000 g, 710 g, 90 g?

b) Trage die Gewichte in eine Tabelle ein und schreibe als Kommazahlen:

	kg	g			
2 500 g	2	5	0	0	2,500 kg

1 kg = 1 000 g

Das Komma trennt Kilogramm und Gramm.

2 Trage in eine Tabelle ein wie oben:
a) 4 600 g; 2 650 g; 8 070 g; 12 560 g; 10 000 g; 6 530 g; 530 g; 30 g; 3 g
b) 3,400 kg; 7,120 kg; 3,040 kg; 2,005 kg; 20,500 kg; 0,205 kg; 0,800 kg; 0,080 kg; 8 kg

3
a) Schreibe als Kilogramm mit Komma: 3 480 g; 6 500 g; 4 070 g; 785 g; 506 g; 6 000 g; 600 g; 60 g; 6 g
b) Schreibe als Gramm: 1,350 kg; 5,200 kg; 14 kg; $\frac{1}{2}$ kg; 0,650 kg; 0,065 kg; 0,008 kg

4 Runde auf volle Kilogramm:

a) 4 700 g	b) 3 178 g	c) 3,430 kg
6 250 g	2 488 g	14,700 kg
7 480 g	904 g	9,502 kg
9 500 g	9 485 g	26,388 kg

5 > oder < oder = ?

4,250 kg ☐ 4 200 g
2,400 kg ☐ 2 240 g
2,060 kg ☐ 2 060 g
4,007 kg ☐ 4 700 g

6 Ordne nach dem Gewicht:
a) 3 250 g; 2,550 kg; 4 kg 100 g; 3 kg
b) 1 kg 250 g; 1,400 kg; 2 000 g
c) 385 g; $\frac{1}{2}$ kg; 0,651 kg; 0,090 kg
d) 12 kg; 15 000 g; 9 550 g; 2,425 kg

7 Schreibe als Kilogramm und Gramm:
7,5 kg = 7 kg 500 g

a) 2,5 kg	b) 9,2 kg	c) 12,6 kg
3,9 kg	5,7 kg	24,5 kg
1,1 kg	0,9 kg	20,4 kg
0,6 kg	6,3 kg	31,7 kg

8 Für den Urlaubsflug darf jede Person 20 kg Freigepäck mitnehmen.
Martin überprüft mit der Waage:
Vaters Koffer   27,5 kg
Mutters Gepäck   16,5 kg
Katharinas Gepäck 13,5 kg
Martins Koffer   22   kg

9
a) Eine Mettwurst wiegt 2 400 g. Der Verkäufer schneidet ab: 125 g; $\frac{1}{2}$ kg; 300 g; 180 g und 250 g. Wieviel wiegt die Wurst noch? **Pz 10**
b) Eine andere Wurst wiegt 3,250 kg. Es werden abgeschnitten: 150 g, 275 g, 340 g, $\frac{1}{2}$ kg und 750 g. **Pz 11**

Bruchteile von Gewichten

1 Bitte ½ kg Emmentaler und ¼ kg Edamer!

Wieviel Gramm Käse kauft Frau Gerber insgesamt?

$\frac{1}{2}$ kg = 500 g
$\frac{1}{4}$ kg = 250 g

2 Der Käsehändler schneidet aus einem großen Käse kleine Stücke zu je ungefähr $\frac{1}{4}$ kg. Frau Strauß kauft $\frac{3}{4}$ kg.

a) Wie viele Stücke sind das?
b) Wieviel Gramm wiegen die drei Stücke zusammen?

Alles Käse!

3 Es gibt neben den Stücken zu $\frac{1}{4}$ kg auch Käsestücke zu $\frac{1}{2}$ kg.

a) Welche Stücke ergeben $\frac{3}{4}$ kg?
b) Welche Stücke ergeben 1 kg?
c) Welche Stücke ergeben 1 500 g?
d) Welche Stücke ergeben 2,5 kg?

4 Der Händler hat vom Edamer 8 Stücke von je $\frac{1}{2}$ kg und 10 Stücke von je $\frac{1}{4}$ kg. Vom Emmentaler hat er 10 Stücke von $\frac{1}{2}$ kg und 12 Stücke von $\frac{1}{4}$ kg.

a) Wieviel kg Edamer sind es?
b) Wieviel kg Emmentaler sind es?

5 Tante Eva schickt Jens zum Geburtstag ein Paket: zwei Tafeln Schokolade (je 100 g), drei Päckchen Nüsse (je $\frac{1}{2}$ kg) und vier Bücher (zusammen $2\frac{1}{2}$ kg).

a) Wie schwer ist das Paket, wenn die Verpackung 520 g wiegt? **Pz 13**
b) Wie hoch ist die Gebühr für das Paket? **Pz 15**
c) Tante Eva bezahlt mit einem 50-DM-Schein. **Pz 8**
d) Vor einem Monat brachte Tante Eva 2 Pakete zur Post. Sie bezahlte dafür insgesamt 15,10 DM Gebühr.

Päckchen (bis 2 kg)	5,00
Paket	**DM**
bis 5 kg	6,90
über 5 bis 6 kg	7,50
über 6 bis 7 kg	8,20
über 7 bis 8 kg	8,80
über 8 bis 9 kg	9,50
über 9 bis 10 kg	10,10
über 10 bis 12 kg	10,80
über 12 bis 14 kg	12,40
über 14 bis 16 kg	13,80
über 16 bis 18 kg	15,20
über 18 bis 20 kg	16,60

Stand: 1.7.1993

6 Maren packt ein Geburtstagspäckchen mit Schokolade (100 g), Keksen ($\frac{1}{4}$ kg), einem Kuchen von Mutter ($\frac{3}{4}$ kg) und 2 Büchern (650 g). Die Verpackung wiegt 300 g. **Pz 7; Pz 15**

7 a) Susanne verschickt ein Paket nach Steinbach (248 km). Sie zahlt eine Gebühr von 8,70 DM.
b) Peter zahlt für ein Paket eine Gebühr von 6,70 DM.

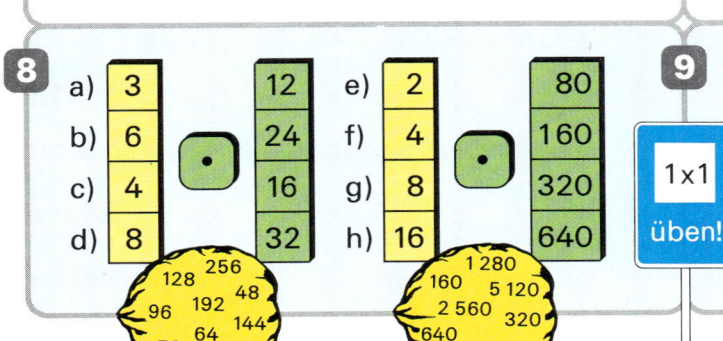

8
a) 3 12
b) 6 24
c) 4 16
d) 8 32

e) 2 80
f) 4 160
g) 8 320
h) 16 640

128 256 48 192 96 144 64 72 36

1 280 5 120 160 2 560 320 640 10 240

1x1 üben!

9
a) 4 · 15 + 3 · 15
6 · 12 + 4 · 12
5 · 18 + 1 · 18
7 · 23 + 3 · 23
2 · 35 + 8 · 35
9 · 55 + 1 · 55

b) 8 · 13 − 5 · 13
9 · 18 − 4 · 18
4 · 16 − 3 · 16
9 · 32 − 7 · 32
6 · 65 − 3 · 65
7 · 92 − 6 · 92

230 92 64 108 120 16 350 105 550 90 195 39

Halbschriftliches Dividieren

1 Drei Freunde haben im Lotto 972 DM gewonnen. Sie teilen den Gewinn unter sich auf.

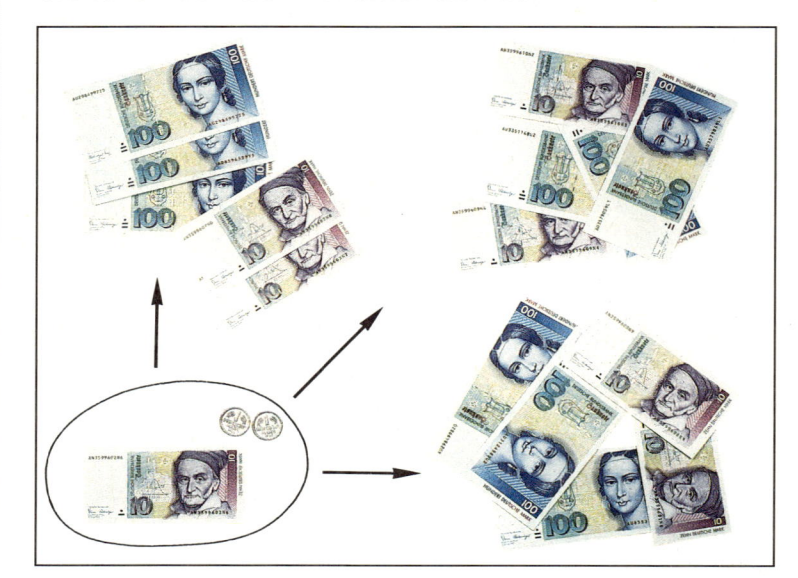

960 : 3, das sind ungefähr ...

```
9 7 2 : 3 =
9 0 0 : 3 =
  6 0 : 3 =
  1 2 : 3 =

Probe:        · 3
            9 7 2
```

2 a) Antje hat in 8 Minuten 2 856 Anschläge geschafft.
b) Lars schaffte 1 998 Anschläge in 6 Minuten.

```
2 8 5 6 : 8 =
2 4 0 0 : 8 =
  4 0 0 : 8 =
    5 6 : 8 =
```

3
a) 369 : 3	b) 678 : 6	c) 2 486 : 2	d) 6 426 : 6
248 : 2	896 : 8	5 240 : 5	8 656 : 8
416 : 4	791 : 7	4 832 : 4	7 497 : 7
585 : 5	927 : 9	3 627 : 3	9 837 : 9

Lösungen: 123 112 124 1 243 1 208 1 048 113 1 093 1 209 104 1 082 117 1 071 103

4 Drei Landwirte kaufen sich gemeinsam einen gebrauchten Mähdrescher für 92 460 DM. Wieviel muß jeder bei gleicher Beteiligung bezahlen?

```
9 2 4 6 0 : 3 =
9 0 0 0 0 : 3 =
  2 4 0 0 : 3 =
```

5
a) 24 360 : 2	b) 45 025 : 5	c) 80 328 : 8	d) 62 490 : 3
40 832 : 4	21 360 : 3	18 099 : 9	81 640 : 2
36 540 : 6	14 728 : 7	21 084 : 7	93 280 : 8

Lösungen: 40 820 9 005 7 120 10 041 2 011 6 090 12 180 20 830 3 012 11 660 10 208 2 104

6 Peters Bruder spart für ein Mofa. In 8 Monaten will er 1 560 DM zusammen haben. *Pz 15*

7 13 290 Eier werden verpackt. In jeden Karton passen 6 Stück. Wie viele Kartons werden voll? *Pz 10*

8 *Viele Aufgaben rechne ich im Kopf!*

a) 480 : 2	b) 612 : 6	c) 3 027 : 3	d) 4 500 : 9	e) 32 916 : 4
360 : 3	721 : 7	5 085 : 5	7 256 : 8	18 300 : 3
820 : 4	896 : 8	3 996 : 4	4 907 : 7	25 015 : 5
987 : 3	972 : 9	1 200 : 6	1 696 : 4	89 773 : 1

Schriftliches Dividieren

1

Auf dieser Maschine haben wir in 4 Stunden 5 748 „Nußknacker" gedruckt!

Das sind ja fast 1500 Bücher in einer Stunde!

Aufgabe: 5 748 : 4
Überschlag: 6 000 : 4

Ich rechne so:

5	7	4	8	:	4	=				
4	0	0	0	:	4	=	1	0	0	0
1	6	0	0	:	4	=		4	0	0
	1	2	0	:	4	=				
		2	8	:	4	=				

Und ich rechne mit der Stellentafel.

T	H	Z	E				T	H	Z	E
5	7	4	8	:	4	=	1	4	3	7
−4	0	0	0	:	4	=	1	0	0	0
	1	7	4	8						
−	1	6	0	0	:	4	=		4	0	0
		1	4	8						
−		1	2	0	:	4	=			3	0
			2	8						
−			2	8	:	4	=				7
				0						

Probe: ☐ · 4

2

a) 8 936 : 4 =

b) 7 941 : 3 =

c) 652 : 2 =

d) 9 675 : 5 =

e) 8 616 : 6 =

f) 945 : 7 =

g) 7 962 : 6 =

h) 9 984 : 8 =

i) 785 : 5 =

3
a) 685 : 5
984 : 8
878 : 2

b) 5 736 : 4
7 584 : 6
8 765 : 5

c) 3 924 : 2
9 798 : 3
6 792 : 4

d) 8 372 : 7
9 864 : 8
3 876 : 3

137 1 698 3 266 1 434 123 1 292 1 753 1 264 1 233 1 196 439 1 962

4 Ein Radfahrer will 875 km in 7 Tagen zurücklegen. Wieviel Kilometer muß er täglich fahren? Pz 8

5 Der Airbus A 300 hat 259 Sitzplätze. Er kann in 4 Stunden 3 440 km zurücklegen. Pz 14

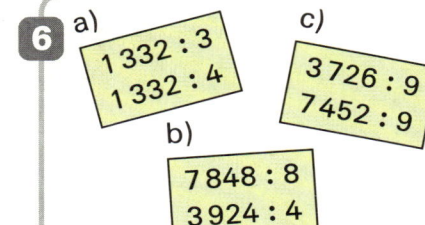

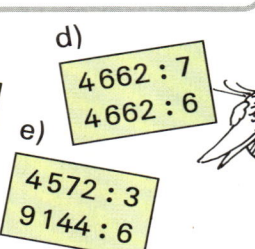

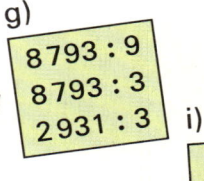

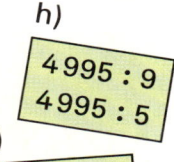

Schriftliches Dividieren

1

8 715 Besucher waren auf der Ausstellung. Jeder fünfte war jünger als 10 Jahre.

wie viele...

T	H	Z	E			T	H	Z	E
8	7	1	5	: 5 =	1	7	4	3

- 5
  3 7
- 3 5
    2 1
  - 2 0
      1 5
    - 1 5
        0

8 T : 5 ?   5 T : 5 = 1 T, denn 1 T · 5 = 5 T

37 H : 5 ?   35 H : 5 = 7 H, denn 7 H · 5 = 35 H

21 Z : 5 ?   20 Z : 5 = 4 Z, denn 4 Z · 5 = 20 Z

15 E : 5 ?   15 E : 5 = 3 E, denn 3 E · 5 = 15 E

Probe: 1 7 4 3 · 5

10 000 : 5

Ich rechne nur mit den Stellenwerten, da muß ich weniger schreiben.

2 Die Ausstellung war sieben Tage lang geöffnet. Wie viele Besucher wurden durchschnittlich an jedem Tag gezählt?   Pz 12

3 Rechne zuerst einen Überschlag.

a) 984 : 8   b) 944 : 8   c) 798 : 6   d) 8 349 : 3
   6 792 : 4   5 732 : 4   3 924 : 2   9 864 : 8
   5 465 : 5   6 594 : 6   5 208 : 3   9 932 : 4
   8 736 : 6   8 765 : 5   9 492 : 7   973 : 7

1 736 139 1 962 2 783 1 753 1 093 1 456 1 356 1 233 1 099 123 1 698 1 433 118 133 2 483

4 Bei einem Oldtimer-Rennen über 315 km benötigte der schnellste Fahrer 5 Stunden, der langsamste 9 Stunden. Wieviel Kilometer legte jeder von ihnen ungefähr in einer Stunde zurück?

5 Nutze Rechenvorteile.

a) 495 : 5   b) 8 991 : 9
   897 : 3   3 992 : 2
   546 : 6   4 985 : 5
   644 : 7   4 212 : 6

500 : 5
900 : 3
540 : 6
630 : 7

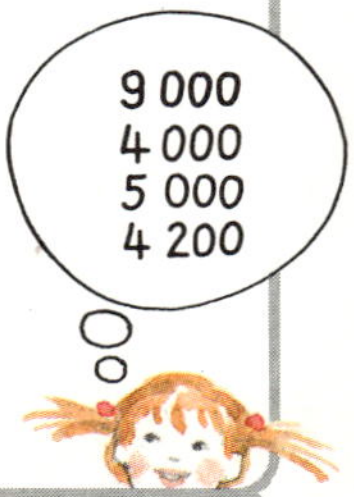

9 000
4 000
5 000
4 200

6

a) 1332 : 3
   1332 : 4

b) 7848 : 8
   3924 : 4

c) 3726 : 9
   7452 : 9

d) 4662 : 7
   4662 : 6

e) 4572 : 3
   9144 : 6

f) 9496 : 8
   9496 : 4
   2374 : 2

g) 8793 : 9
   8793 : 3
   2931 : 3

h) 4995 : 9
   4995 : 5

i) 2433 : 3
   4866 : 3

Schriftliches Dividieren

1

"In 4 Wochen bin ich mit meinem LKW 7236 km gefahren."

"Das sind ja fast 2000 km in einer Woche, Herr Krause!"

T	H	Z	E			T	H	Z	E
7	2	3	6	: 4 =	1			
4									
	3	2							
	3	2							
		0	3						
			0						
		3	6						
		3	6						
			0						

2 ⚠ Nullen

a) 5 475 : 5
9 612 : 3
8 448 : 6
4 272 : 4

b) 3 248 : 8
8 172 : 9
7 182 : 7
7 254 : 6

c) 6 356 : 7
8 632 : 8
5 425 : 5
9 225 : 9

d) 9 236 : 4
6 516 : 6
5 481 : 9
7 336 : 7

Lösungen: 1068 406 908 1408 1095 3 204 1209 1079 1026 1086 609 1085 2 309 1025 1048

3

"Ich bin mit meinem Reisebus in 3 Wochen 6072 km gefahren!"

"6000 : 3"

T	H	Z	E			T	H	Z	E
6	0	7	2	: 3 =				
6									
0	0								
	0								
		0	7						
			6						
		1	2						
		1	2						
			0						

4 ⚠ Nullen

a) 6 408 : 4
7 091 : 7
9 608 : 8
7 206 : 6

b) 4 920 : 6
8 406 : 9
7 045 : 5
7 536 : 8

c) 8 070 : 3
9 040 : 8
7 080 : 4
8 008 : 7

d) 9 005 : 5
8 001 : 9
5 004 : 6
9 201 : 3

Lösungen: 1770 820 1013 934 1801 889 1602 942 1201 1409 2 690 1130 1144 834 3 067

5 Ein Automobilwerk stellt an 5 Tagen 5 280 Autos her.
a) Wie viele sind das an einem Tag? **Pz 12**
b) Auf einen Transporter passen 8 Autos.

6 In einer Reifenfabrik werden in 8 Stunden 7 080 Reifen hergestellt.
a) Wie viele sind das stündlich? **Pz 21**
b) Ein Auto braucht 5 Reifen. **Pz 15**

7 Zahlung in 3, in 5 oder in 7 Monatsraten

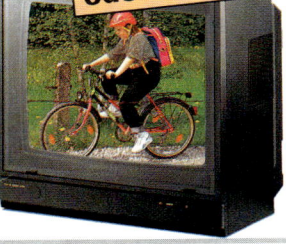

2310.-

"Was muß ich nun im Monat bezahlen?"

"Das kommt darauf an..."

Kaufpreis DM	Teilzahlungspreise in DM bei Zahlung in Monatsbeträgen		
	3	5	7
2 310	2 352	2 380	2 408

59

Überschlagen und dividieren

1

"Mein Auto hat einen Kilometerstand von 87 381 km. Ich bin 7 Jahre damit gefahren!"

84 000 : 7

In 9 Jahren 85 419 km
In 8 Jahren 79 792 km
In 6 Jahren 94 578 km
In 3 Jahren 96 540 km
In 5 Jahren 45 875 km

ZT	T	H	Z	E		ZT	T	H	Z	E
8	7	3	8	1	: 7 =					

2
a) 34 876 : 2
   64 968 : 4
   75 865 : 5

b) 86 532 : 6
   39 861 : 3
   98 776 : 8

c) 21 564 : 9
   18 172 : 7
   32 864 : 4

d) 40 928 : 8
   32 408 : 4
   26 070 : 3

2 596 2 396
17 438 14 422
12 347 5 116
8 216 8 102
15 173 16 242
13 287 8 690

3 Frau Grimm gibt ihr altes Auto in Zahlung. Für den neuen Wagen muß sie dann noch 14 735 DM aufbringen. Sie will in 5 Raten zahlen.

"Ich rechne jetzt ohne Stellentafel."

"Dann ist der Überschlag besonders wichtig! 15 000 : 5"

| 1 | 4 | 7 | 3 | 5 | : | 5 | = | | | |

4 Überschlagen – dividieren – multiplizieren (Probe)

a) 744 : 8
   22 986 : 6
   7 908 : 4

b) 2 169 : 9
   858 : 3
   37 520 : 7

c) 38 976 : 4
   6 398 : 2
   518 : 7

d) 7 824 : 8
   576 : 6
   78 327 : 9

e) 372 : 4
   98 075 : 5
   8 703 : 3

(720 : 8, 8 000 : 4, 24 000 : 6)
(35 000 : 7, 1 800 : 9, 900 : 3)
(6 400 : 2, 40 000 : 4, 490 : 7)
(600, 8 000, 81 000)
(9 000, 360, 100 000)

5 Überschlage zuerst, dann rechne genau.

a) Liegt das Ergebnis näher bei 200 oder bei 300?
   984 : 4
   789 : 3
   1 325 : 5
   2 178 : 9

b) Liegt das Ergebnis näher bei 5 000 oder bei 6 000?
   17 349 : 3
   43 168 : 8
   33 540 : 6
   22 436 : 4

c) Liegt das Ergebnis näher bei 7 000 oder bei 8 000?
   14 892 : 2
   51 821 : 7
   69 210 : 9
   37 500 : 5

6 a) 51 072 : 7
   69 201 : 9
   55 824 : 8

b) 52 956 : 6
   70 584 : 8
   54 761 : 7

c) 30 756 : 4
   34 890 : 5
   79 488 : 9

(49 000, 56 000, 72 000)

8 823
7 823 7 296
8 826 6 978
7 689 8 832

Dividieren mit Rest

1

Bundes-Gartenschau
vom 30.4. bis 15.9.
Täglich geöffnet:
9.00 Uhr bis 21.00 Uhr
Informationen am Fahrkartenschalter

Die Bundesbahn bietet eine Sonderfahrt zur Bundesgartenschau an, 1384 Personen haben sich angemeldet.
Wie viele Zugabteile mit 6 Plätzen müssen bereitgestellt werden?

Aufgabe: 1 384 : 6

Überschlag: 1 200 : 6

Rechnung: 1 384 : 6 = 230 R 4
12
 18
 18
  04
   0
   4

Rest 4

"Die restlichen 4 Personen brauchen auch noch ein Abteil."

Probe: ⬚ · 6
        1 380

1 380 + 4 = ⬚

2
7 388 : 5
35 767 : 3
6 892 : 9
8 644 : 7
28 573 : 8
5 851 : 7

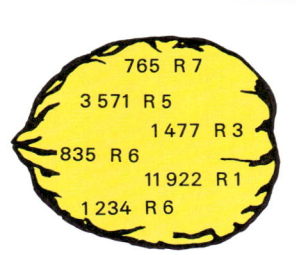

765 R 7
3 571 R 5
1 477 R 3
835 R 6
11 922 R 1
1 234 R 6

3
11 872 : 2
26 262 : 5
4 292 : 9
83 091 : 2
9 707 : 4
17 778 : 8

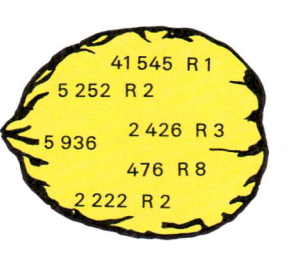

41 545 R 1
5 252 R 2
2 426 R 3
5 936
476 R 8
2 222 R 2

4 Wie heißen die Rechenaufgaben?

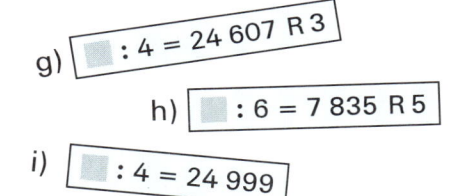

a) ⬚ : 3 = 735 R 2
b) ⬚ : 8 = 184 R 6
c) ⬚ : 5 = 8 267 R 4
d) ⬚ : 7 = 1 498 R 1
e) ⬚ : 9 = 97 R 7
f) ⬚ : 2 = 49 999 R 1
g) ⬚ : 4 = 24 607 R 3
h) ⬚ : 6 = 7 835 R 5
i) ⬚ : 4 = 24 999

880   1 478
41 339   47 015
99 996   2 207
99 999   10 487
98 431

5
a) Auf der Autobahn ist ein Stau von 13 km Länge. Um wie viele Autos handelt es sich, wenn man für jedes Fahrzeug einschließlich dem Abstand eine Länge von 7 m annimmt? **Pz 21**
b) Wie viele Menschen sind in dem Stau, wenn in jedem Fahrzeug 2 (3 oder 4) Personen sitzen? **Pz 15 (18; 21)**

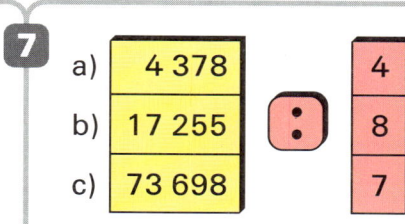

6 **Polizei mußte Fahrer wecken**

4. Februar (AP/dpa) Tausende von Autofahrern haben in der Nacht von Sonntag auf Montag in einem rund 100 Kilometer langen Stau auf der Autobahn A 9 Berlin-Hannover festgesessen. Da der Verkehr rund 18 Stunden lang fast völlig zum Erliegen gekommen war, mußte die Polizei immer wieder Fahrzeuglenker, die am Steuer eingeschlafen waren, zur Weiterfahrt wecken.
Wie ein Sprecher der Polizei berichtete, war das Verkehrschaos auf der nur zweispurigen Strecke durch Scharen von Kurzurlaubern ausgelöst worden, die aus dem verlängerten Wochenende zurückkehrten.

7
a) 4 378
b) 17 255
c) 73 698

:

4
8
7

4 313 R 3
625 R 3
18 424 R 2
1 094 R 2
2 465
10 528 R 2
2 156 R 7
547 R 2
9 212 R 2

61

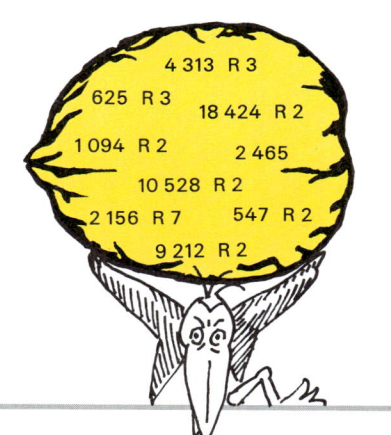

Dividieren von Kommazahlen

1 „Für 7 Stunden Reparaturarbeit habe ich 437,50 DM berechnet."
„Wie teuer ist eine Arbeitsstunde?"

Aufgabe: 437,50 DM : 7 → 43 750 Pf : 7 = ☐ Pf

Überschlag: 420 DM : 7 = 60 DM

Rechnung: 43 750 : 7 = ☐

Probe: ☐ · 7 = ☐

Antwort: Eine Arbeitsstunde kostet ☐ DM.

2 a) Frau Wolf hat gestern 5 Stunden als Kellnerin gearbeitet. Dafür wurde ihr ein Arbeitslohn von 82,50 DM ausbezahlt.
b) Sie hat auch noch 16,90 DM Trinkgeld bekommen.
Pz 12

3 a) Berechne die Einzelpreise.
b) Berechne die Endsumme.
c) Wieviel Personen waren es wohl?

4 × Limo   7,20
2 × Wasser 4,80
5 × Suppe 12,50
3 × Schnitzel 43,80
3 × Pizza 25,50
4 × Eis   16,80

4
a) 62,80 DM : 4
   415,62 DM : 6
   950,56 DM : 8
   8,75 DM : 7
   59,40 DM : 3

b) 71,96 DM : 2
   5,55 DM : 3
   324,95 DM : 5
   69,57 DM : 9
   7,60 DM : 8

5 Welche der Geldbeträge kannst du ohne Rest durch 2 teilen? Welche durch 5?

8,52 DM   34,15 DM   367,40 DM
607,85 DM   157,13 DM   43,60 DM

6 Vor einem Mietshaus werden Einstellplätze für 6 Autos angelegt. Der Parkstreifen ist insgesamt 16,80 m lang. Wie breit wird ein Parkplatz?
„16,80 m sind 1 680 cm!"

7 Für einen Marathonlauf sollen entlang der Strecke (42,195 km) acht Versorgungsstationen in etwa gleichen Abständen eingerichtet werden. Zeichne zuerst einen Plan.
„Durch 7, durch 8 oder durch 9?"

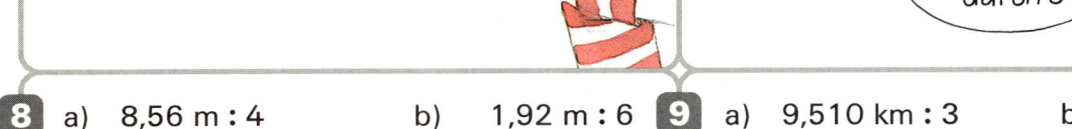

8
a) 8,56 m : 4
   5,10 m : 3
   24,70 m : 5
   36,50 m : 2

b) 1,92 m : 6
   35,60 m : 8
   261,90 m : 9
   348,60 m : 7

9
a) 9,510 km : 3
   7,420 km : 2
   19,600 km : 5
   49,500 km : 6

b) 4,260 km : 4
   7,630 km : 7
   76,500 km : 9
   95,000 km : 8

10 Preisvergleiche

a) 500 ml 1,43 DM ; 1 000 ml 1,99 DM
b) 100 g 1,12 DM ; 300 g 3,39 DM
c) 3,99 DM ; 1,29 DM

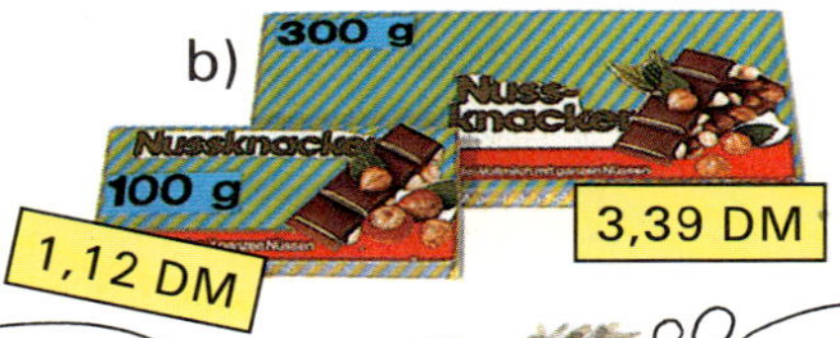

„Ich multipliziere." „Ich dividiere."

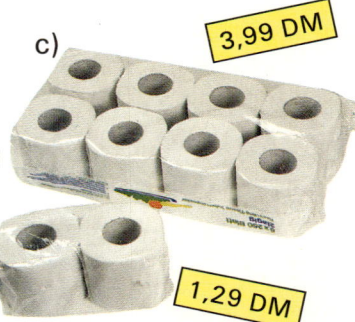

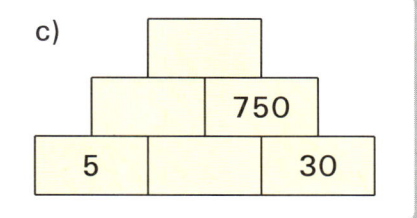

Dividieren durch Zehnerzahlen

1 5 480 Tulpen wurden in 40 Reihen eingepflanzt. In jeder Reihe stehen gleich viele.

Aufgabe: 5 480 : 40

Überschlag: 5 600 : 40

Rechnung:

T	H	Z	E			H	Z	E
5	4	8	0	:	4 0 =	1		
4	0							
	1	4	8					
	1	2	0					
		2	8	0				
		2	8	0				
				0				

40, 80, 120, 160, 200, 240, 280, 320, 360

2
a) 4 380 : 30
3 860 : 20
9 240 : 60

b) 9 840 : 80
9 240 : 70
8 750 : 50

c) 9 520 : 40
8 640 : 20
9 570 : 30

d) 5 850 : 90
1 480 : 40
3 680 : 80

Ergebnisse: 154 175 432 146 46 238 123 319 193 132 65 37

3
a) In einer Baumschule werden mit einer Pflanzmaschine 74 680 Pflanzen in einer Woche (40 Arbeitsstunden) gesetzt. Wie viele sind das in einer Stunde? **Pz 22**

ZT	T	H	Z	E		T	H	Z	E
7	4	6	8	0	: 4 0 =	1			
4	0								

b) Mit einer anderen Maschine wurden in der gleichen Zeit 86 240 Pflanzen gesetzt. **Pz 14**

c) Auf einem anderen Feld wurden in zwei Wochen 77 120 Fichten und 94 880 Kiefern gesetzt. **Pz 19; 16**

4
a) 34 460 : 20
82 250 : 50
78 080 : 40

b) 98 160 : 80
72 520 : 70
99 990 : 90

c) 39 150 : 50
12 240 : 60
76 020 : 30

d) 75 150 : 90
37 870 : 70
15 040 : 40

Ergebnisse: 1 227 835 1 111 1 952 204 1 723 541 1 036 376 1 645 783 2 534

5
a) 7 410 : 3
7 410 : 30

b) 65 850 : 5
65 850 : 50

c) 37 040 : 8
37 040 : 80

d) 896 : 4
8 960 : 40

e) 9 498 : 6
94 980 : 60

6 a) 72 / 8 9 10   b) 9 600 / 80 / _ _ 12   c) 750 / 5 _ 30

Dividieren durch zweistellige Zahlen

1 „In den letzten 12 Monaten habe ich für Heizöl 2 196 DM ausgegeben. Das waren monatlich..."

12, 24, 36, 48, 60, 72, 84, 96, 108, 120

Aufgabe: 2 196 DM : 12

Überschlag: 2 000 DM : 10

Rechnung:
```
2 1 9 6 : 1 2 = 1 8 3
1 2
  9 9
  9 6         Probe:
    3 6
    3 6       1 8 3 · 1 2
      0
```

2 Wie hoch sind die monatlichen Belastungen, wenn jährlich die folgenden Beträge ausgegeben werden?

Strom: 1 044 DM   Müllabfuhr: 237,60 DM   Reparaturen: 1 248 DM
Wasser: 912 DM   Versicherungen: 3 180,60 DM   Urlaub: 3 900 DM

3 14, 28, 42, 56, 70, 84, 98, 112, 126

a) 6 468 : 14   b) 5 819 : 11   c) 9 705 : 15
   68 544 : 14   10 703 : 11   18 720 : 15
   81 368 : 14   85 547 : 11   69 135 : 15

(7 777, 973, 647, 462, 4 609, 5 812, 4 896, 529, 1 248)

4 Überschlage zuerst. Manchmal bleibt ein Rest.

a) 32 045 : 13   b) 59 888 : 19   c) 28 146 : 12   d) 32 836 : 14
   76 230 : 18   8 975 : 11   6 927 : 16   24 650 : 10
   26 231 : 17   45 398 : 15   39 819 : 10   14 680 : 18

(4 235, 3 026 R 8, 2 465, 2 345 R 6, 432 R 15, 1 543, 3 152, 815 R 10, 3 981 R 9)

5 Dieter war in den Ferien 14 Tage verreist. Er hatte 38,50 DM Taschengeld. Doris war 18 Tage verreist und hatte 47,70 DM. Pz 14; 13

6 Herr Wolf hat am Wochenende 12 Stunden als Taxifahrer gearbeitet und 315,60 DM verdient. Sein Kollege hat in 16 Stunden 406,40 DM verdient. Pz 11; 11

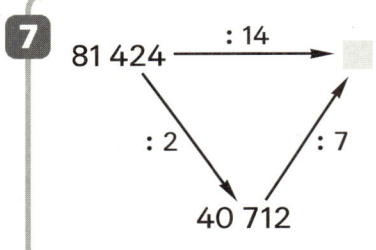

7 81 424 —: 14→ ☐ , : 2 ↘ ↗ : 7 , 40 712

Rechne auf verschiedenen Wegen.

a) 81 424 : 14   b) 52 128 : 16   c) 14 637 : 21
   32 984 : 14   27 432 : 18   68 304 : 24
   10 275 : 15   95 780 : 20   87 950 : 25
   75 648 : 12   86 420 : 20   37 072 : 28

(5 816, 2 356, 685, 6 304, 3 258, 1 524, 4 789, 4 321, 697, 2 846, 1 324, 3 518)

8 Vergleiche die Ergebnisse.

a) 4 : 3   b) 6 : 5   c) 10 : 9
   8 : 3   12 : 5   20 : 9
   16 : 3   24 : 5   40 : 9
   ...   .
   128 : 3   768 : 5   10 240 : 9

9 Rechne, bis der Rest sich wiederholt.

a) 100 : 7   b) 100 : 9   c) 100 : 11
   200 : 7   200 : 9   200 : 11
   300 : 7   300 : 9   300 : 11
   400 : 7   400 : 9   400 : 11
   ...   .

Multiplizieren und dividieren

1 Auf jedem Zettel sind Aufgaben falsch gerechnet. Die falschen Lösungen kannst du durch Überschlagen finden. Rechne dann genau.

a)
```
81 376 : 2 = 45 188
51 103 : 8 =  7 137 R7
 2 034 : 3 =    678
 9 506 : 7 =    958
```

b)
```
47 992 : 4 = 11 998
 8 765 : 5 =  2 653
84 739 : 9 =  8 415 R4
10 854 : 6 =  1 809
```

c)
```
92 114 : 11 =  8 374
34 760 : 70 =    568
14 805 : 15 = 14 805
97 745 : 18 =  5 430 R 8
```

2 Denke an Rechenvorteile!

a) 495 : 5   (500 : 5 / 700 : 7 / 600 : 3)
   693 : 7
   594 : 3

b) 792 : 8
   891 : 9
   796 : 4
   594 : 6

c) 891 : 3
   196 : 2
   485 : 5
   686 : 7

d) 8 991 : 9
   5 994 : 6
   39 996 : 4
   29 994 : 3

3
a) 4 · ▢ = 90 000
   8 · ▢ = 70 000
   ▢ · 3 = 8 118
   ▢ · 7 = 76 538

b) ▢ : 7 =   968
   ▢ : 6 = 1 807
   ▢ : 9 = 7 652
   ▢ : 5 = 16 084

c) ▢ : 8 = 2 468
   7 · ▢ = 86 415
   ▢ · 9 = 89 892
   ▢ : 6 = 3 579

Zahlen: 10 934, 80 420, 19 744, 21 474, 68 868, 10 842, 2 706, 9 988, 22 500, 12 345, 8 750, 6 776

4 Immer zwei Aufgaben haben dasselbe Ergebnis.

| 96 471 : 9 | 397 · 27 | 92 664 : 3 | 8 624 : 8 |
| 286 · 108 | 14 · 77 | 2 196 · 7 | 76 860 : 5 |

5 Die Zahlen sollen ohne Rest teilbar sein.

▢333 : 3   47▢ : 5
8▢4 : 2   6▢6 : 6

6
- Wenn ich meine Zahl mit 5 multipliziere (malnehme), dann erhalte ich 12 625. **Pz 14**
- Wenn ich meine Zahl durch 6 dividiere (teile), dann erhalte ich 576. **Pz 18**
- Meine Zahl ist das 3fache von 2 181, sie ist aber auch der 4. Teil von 26 172. **Pz 18**
- Wenn ich meine Zahl durch 3 dividiere, dann erhalte ich das 8fache von 125. **Pz 3**
- Wenn ich meine Zahl mit 9 multipliziere, dann erhalte ich die Hälfte von 5 994. **Pz 9**
- Wenn ich meine Zahl durch 225 dividiere, dann erhalte ich wieder 225. **Pz 18**

7 Schreibe ab und ergänze die fehlenden Ziffern.

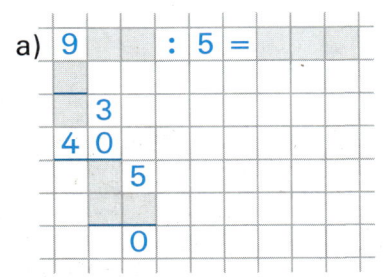

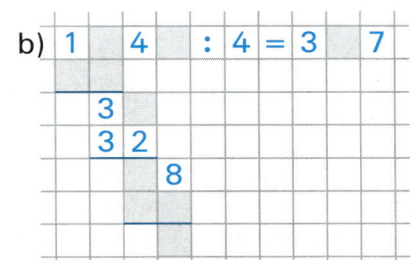

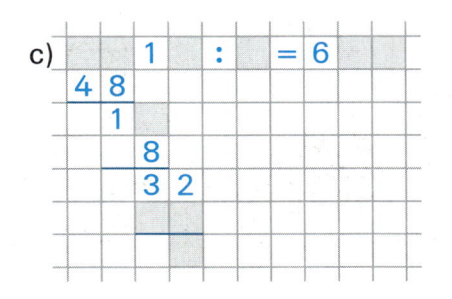

a) 9▢ : 5 = ▢
   ▢3
   40
   ▢5
    ▢0

b) 1▢4 : 4 = 3▢7
   3
   32
    ▢8

c) 1▢ : ▢ = 6▢
   48
    1▢
    ▢8
    32
```
```

Am Flughafen

A Die Außentemperatur hängt von der Flughöhe ab. Es wird pro 1000 m um etwa 6° kälter.

B Eine Boeing 747 – der „Jumbo-Jet" – wiegt leer 180 t. Das höchste Startgewicht liegt bei 385 t.

C Ein Jumbo-Jet verbraucht 15 000 l Treibstoff in der Stunde.

D Ein Airbus A 300 kann 258 Fluggäste, ein Jumbo-Jet sogar 388 Fluggäste befördern.

E **Parkplätze**
bis zu 6 Stunden	6,– DM
6 bis 24 Stunden	10,– DM
jede weiteren 24 Stunden	15,– DM

F Ein Flug von Hamburg nach Stuttgart dauert ungefähr eine Stunde und kostet 378 DM. (Stand: 1992)

G Im Jahr 1991 gab es durchschnittlich 387 Starts und Landungen pro Tag.

H Die Gebühren für Starts und Landungen werden nach der Flugzeuggröße berechnet. Im Durchschnitt wurden für jeden Start und für jede Landung 572 DM eingenommen.

I Auf dem Flughafen gibt es 1746 Beschäftigte.

J Am Flughafen gibt es mehrere Parkplätze und Parkhäuser mit insgesamt 6 000 Stellplätzen.

1. Wie viele Starts und Landungen gab es insgesamt im Jahre 1991?

2. Wie hoch sind die täglichen Einnahmen des Flughafens aus den Start- und Landegebühren?

3. Ein Jumbo-Jet fliegt nach Miami (USA) ungefähr 9 Stunden. Wieviel Treibstoff wird auf dem Flug verbraucht?

4. Familie Herrmann kehrt von einem 7tägigen Flugurlaub zurück. Wie hoch sind die Parkgebühren?

5. Etwa jeder 3. Beschäftigte des Flughafens belegt ständig einen Parkplatz. Wie viele Stellplätze sind für die Fluggäste frei?

6. Welche Außentemperatur herrscht in der Reiseflughöhe von 9 000 m, wenn die Bodentemperatur 20° beträgt?

7. Ein Airbus ist auf seinem Flug von Hamburg nach Stuttgart nur halb besetzt. Wie hoch sind die Einnahmen für diesen Flug?

8. Für einen Fluggast kann man ein durchschnittliches Gewicht von 75 kg annehmen. Wieviel Gepäck und Treibstoff darf zugeladen werden, wenn ein Jumbo-Jet voll besetzt ist?

9. Frau Becker fliegt nach Dresden. Sie stellt ihr Auto um 7.30 Uhr auf dem Parkplatz ab. Auf dem Rückflug landet die Maschine um 21.50 Uhr. Wie hoch sind die Parkgebühren?

Wiederholen und knobeln

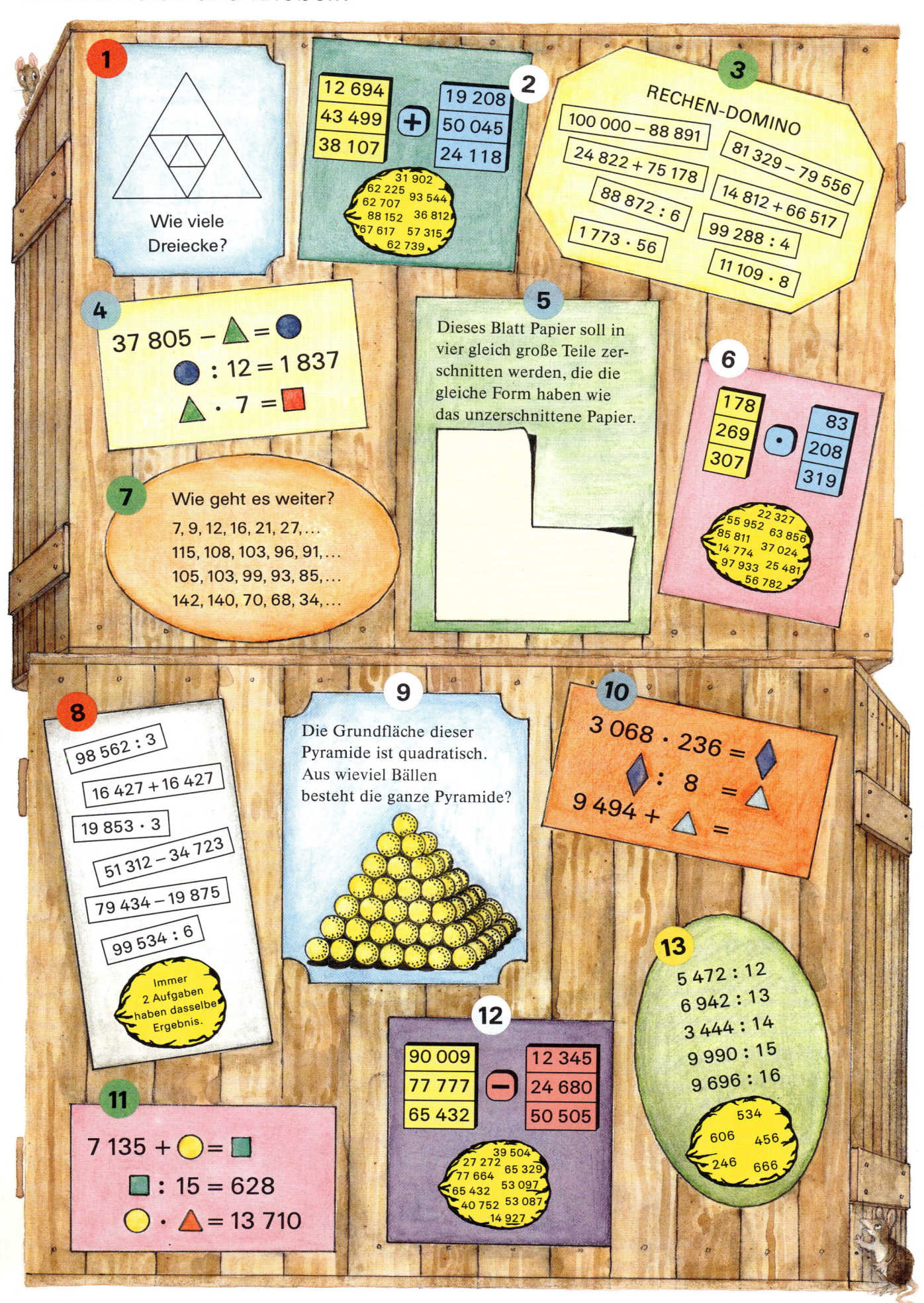

1 Wie viele Dreiecke?

2
12 694
43 499
38 107
+
19 208
50 045
24 118

31 902   93 544
62 225   36 812
62 707   57 315
88 152   62 739
67 617

3 RECHEN-DOMINO

100 000 − 88 891
24 822 + 75 178
88 872 : 6
1 773 · 56
81 329 − 79 556
14 812 + 66 517
99 288 : 4
11 109 · 8

4
37 805 − △ = ●
● : 12 = 1 837
△ · 7 = ■

5 Dieses Blatt Papier soll in vier gleich große Teile zerschnitten werden, die die gleiche Form haben wie das unzerschnittene Papier.

6
178		83
269	·	208
307		319

22 327   63 856
55 952   37 024
85 811   25 481
14 774   56 782
97 933

7 Wie geht es weiter?
7, 9, 12, 16, 21, 27, …
115, 108, 103, 96, 91, …
105, 103, 99, 93, 85, …
142, 140, 70, 68, 34, …

8
98 562 : 3
16 427 + 16 427
19 853 · 3
51 312 − 34 723
79 434 − 19 875
99 534 : 6

Immer 2 Aufgaben haben dasselbe Ergebnis.

9 Die Grundfläche dieser Pyramide ist quadratisch. Aus wieviel Bällen besteht die ganze Pyramide?

10
3 068 · 236 = ♦
♦ : 8 = △
9 494 + △ =

11
7 135 + ○ = ■
■ : 15 = 628
○ · △ = 13 710

12
90 009		12 345
77 777	−	24 680
65 432		50 505

39 504   65 329
27 272   53 097
77 664   53 087
65 432   14 927
40 752

13
5 472 : 12
6 942 : 13
3 444 : 14
9 990 : 15
9 696 : 16

534   456
606   666
246

Körper

1

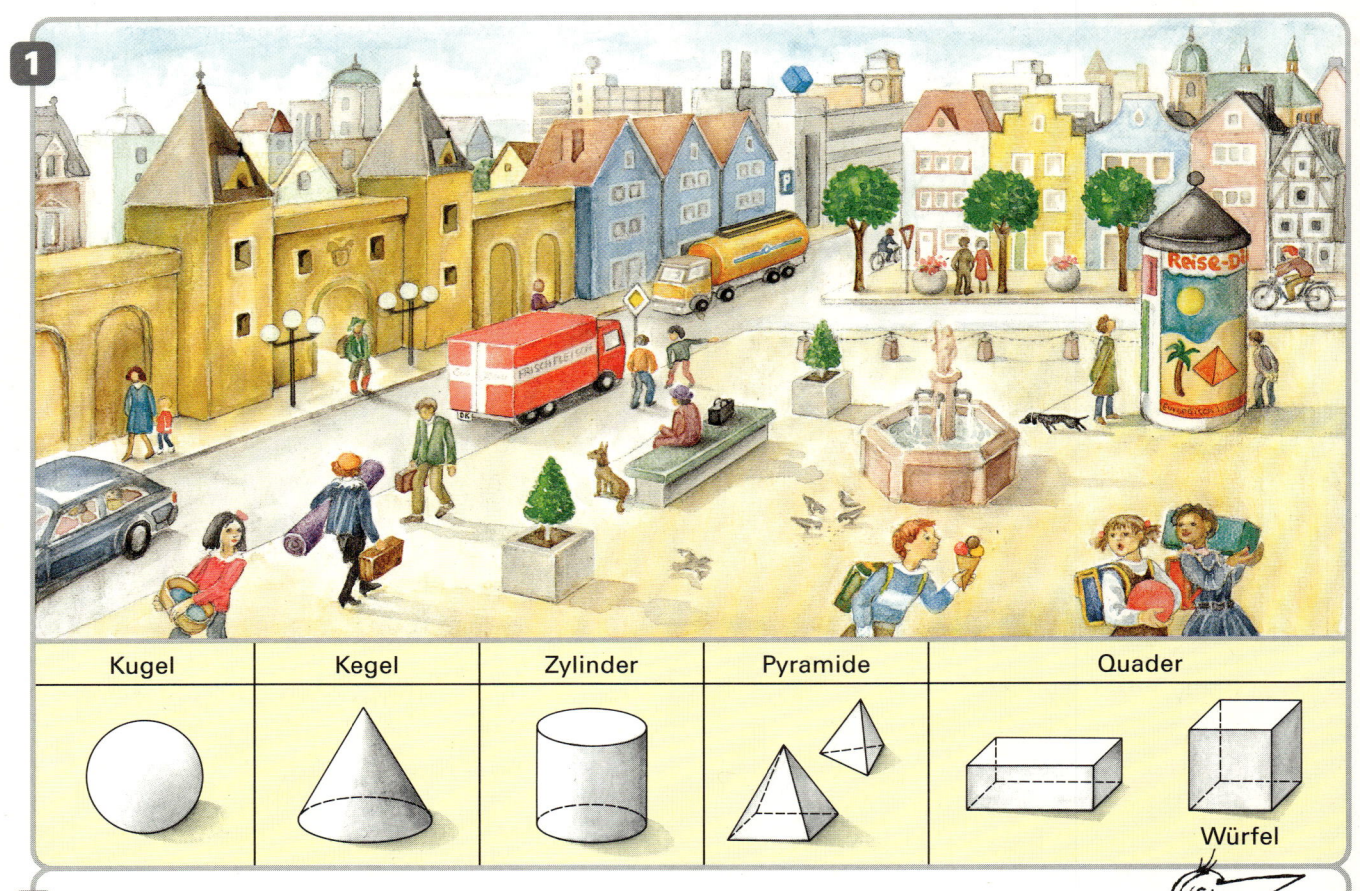

Kugel	Kegel	Zylinder	Pyramide	Quader
				Würfel

2
a) Welche Körperformen erkennst du auf dem Bild oben?
b) Nenne zu jeder Körperform weitere Gegenstände, die du kennst.
c) Stelle solche Körper aus Knetmasse her.

3
Ecke – Kante – Fläche

a) Welche Körper haben
mehrere Ecken – genau eine Ecke – keine Ecke?
b) Welche Körper haben
gerade Kanten – nur gekrümmte Kanten – keine Kanten?
c) Welche Körper haben
nur ebene Flächen – ebene und gewölbte Flächen –
nur gewölbte Flächen?

4 Die Körper in Aufgabe 1 haben verschiedene Flächen.
Wo findest du das Rechteck, das Quadrat, das Dreieck, den Kreis?

5
a) Mit welchen Körpern kannst du gut Türme (Mauern) bauen?
b) Welche Körper kannst du gut rollen? Nenne Unterschiede.

6
a) Körper von oben.

b) Zeichne die Körper von vorn.

7 Beklebe eine Dose mit Buntpapier.

Quader

1 *Der Würfel ist ein besonderer Quader!*

a) Wie viele Ecken, Kanten und Flächen hat ein Quader (Würfel)?
b) Nimm eine Streichholzschachtel, dein Rechenbuch, einen Steckwürfel ... Miß die Längen der Kanten.

2
a) Setze 2 (3; 4) Streichholzschachteln zu einem Quader zusammen. Welche Möglichkeiten gibt es?
b) Stelle aus Knetmasse einen Quader her. Kannst du ihn so zerschneiden, daß zwei gleiche Quader entstehen?

3 Das Päckchen ist verschnürt worden. Wie lang ist der Bindfaden, wenn für den Knoten zusätzlich 15 cm Faden nötig waren?

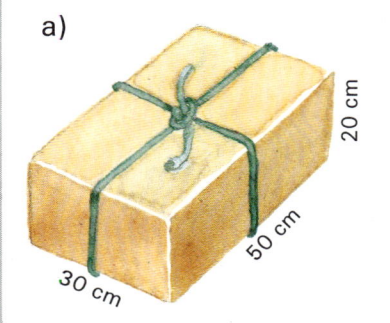

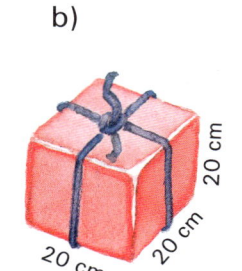

a) 50 cm, 30 cm, 20 cm
b) 20 cm, 20 cm, 20 cm

4 Das Päckchen ist mit einem Bindfaden verschnürt worden, der nirgends doppelt liegt (Knoten 15 cm).

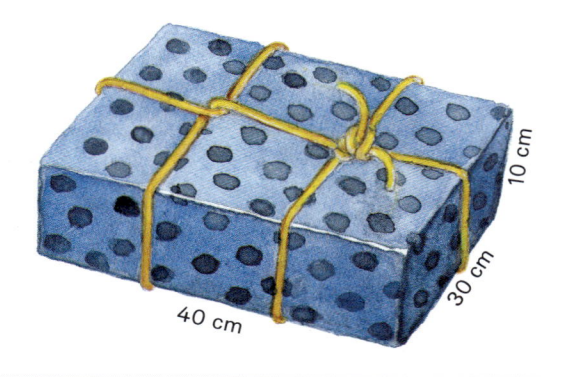

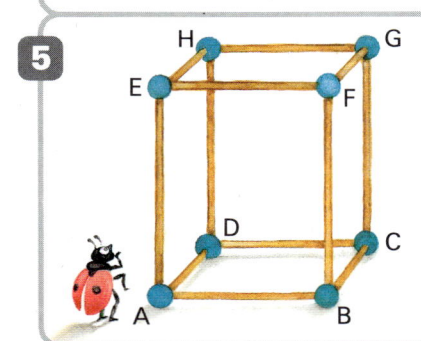

40 cm, 30 cm, 10 cm

5
a) Der Käfer sucht einen Weg von A nach G. Dabei will er genau einmal durch jede Ecke gehen.
b) Der Käfer geht von A aus nach rechts – nach oben – nach links – nach hinten – nach unten. Wo kommt er an?
c) Wie lang sind die Wege, wenn die Kanten des Quaders 8 cm, 6 cm und 4 cm lang sind? Welcher Weg ist am kürzesten? Welcher am längsten?

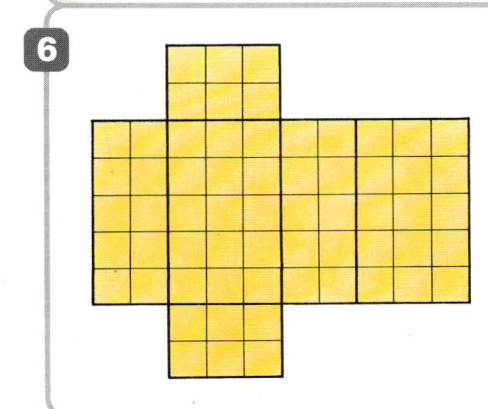

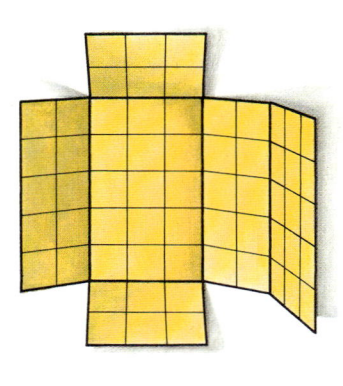

6
a) Zeichne ein Quadernetz. Schneide es aus, und falte es zu einem Quader.
b) Zeichne dann ein Quadernetz mit dreimal so langen Kanten, und falte es wieder zum Quader.
c) Wie viele kleine Quader passen in den großen?

Würfel

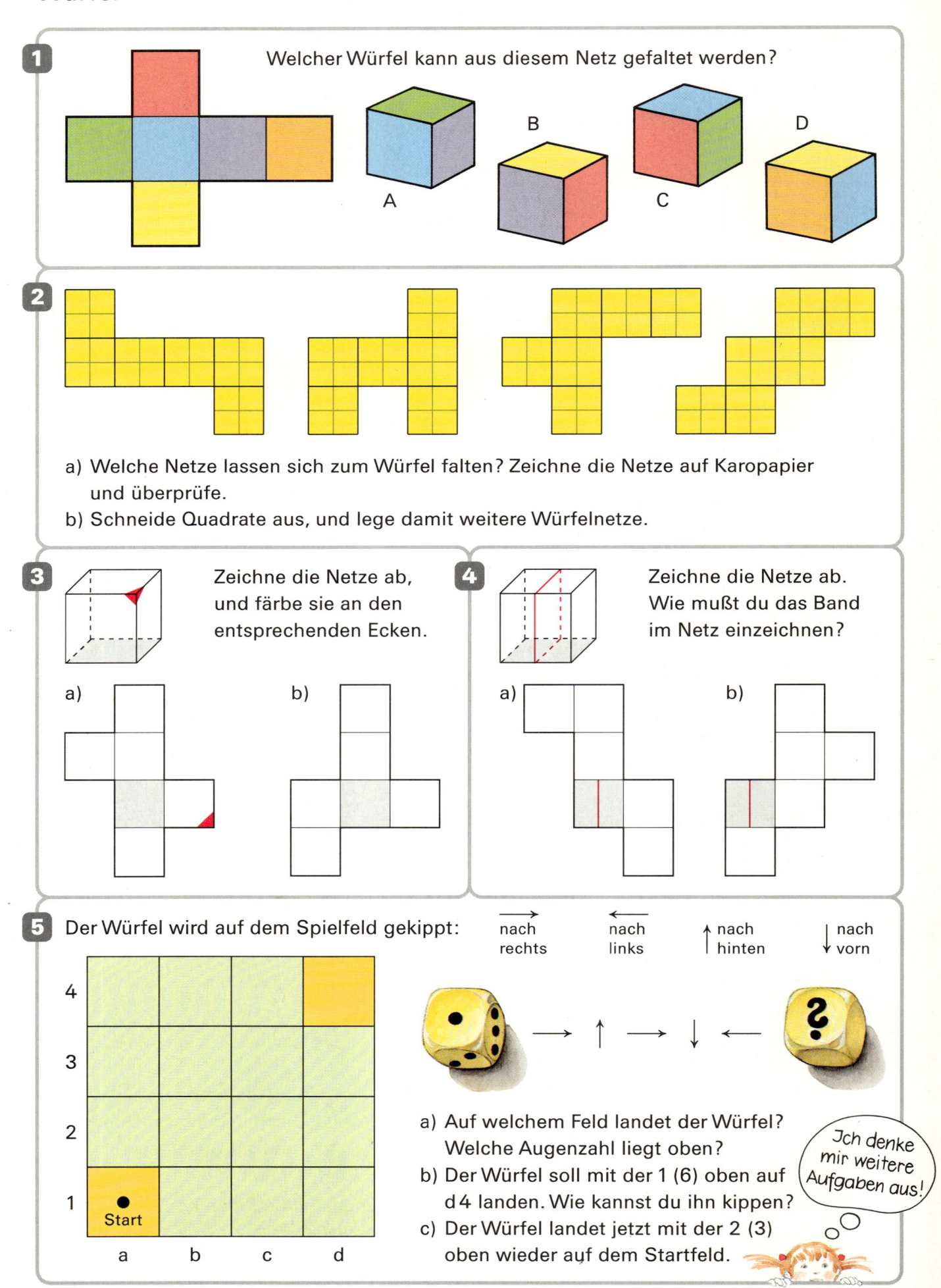

1 Welcher Würfel kann aus diesem Netz gefaltet werden?

A   B   C   D

2

a) Welche Netze lassen sich zum Würfel falten? Zeichne die Netze auf Karopapier und überprüfe.
b) Schneide Quadrate aus, und lege damit weitere Würfelnetze.

3 Zeichne die Netze ab, und färbe sie an den entsprechenden Ecken.

a)   b)

4 Zeichne die Netze ab. Wie mußt du das Band im Netz einzeichnen?

a)   b)

5 Der Würfel wird auf dem Spielfeld gekippt:

→ nach rechts   ← nach links   ↑ nach hinten   ↓ nach vorn

→ ↑ → ↓ ←

a) Auf welchem Feld landet der Würfel? Welche Augenzahl liegt oben?
b) Der Würfel soll mit der 1 (6) oben auf d 4 landen. Wie kannst du ihn kippen?
c) Der Würfel landet jetzt mit der 2 (3) oben wieder auf dem Startfeld.

Ich denke mir weitere Aufgaben aus!

70

Körper aus Würfeln

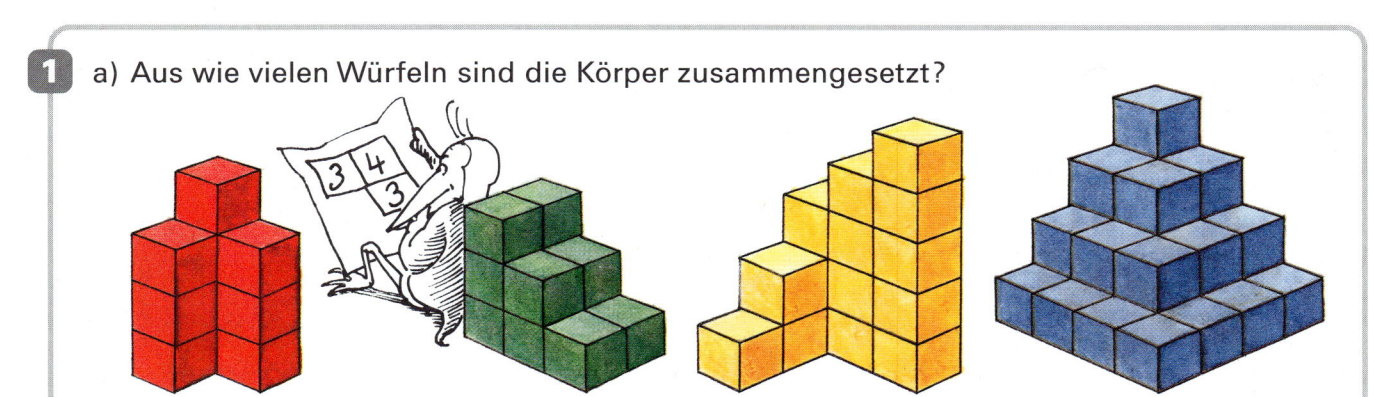

1 a) Aus wie vielen Würfeln sind die Körper zusammengesetzt?

b) Zeichne die Baupläne.
Wie viele Würfel mußt du mindestens hinzufügen, damit ein Quader entsteht?

2 Wie viele Möglichkeiten hat Tim, einen weiteren Würfel anzustecken?

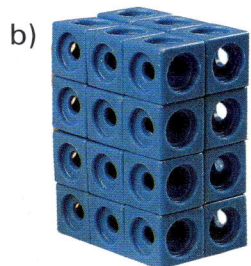

3 a) Ute behauptet, daß sie 27 Steckwürfel zu einem großen Würfel zusammensetzen kann. Prüfe nach.

b) Ulrich hat 8 Steckwürfel zu einem Würfel zusammengesetzt. Ulla hat einen Würfel gebaut, der doppelt so lange Kanten hat wie Ulrichs Würfel. Wie viele Steckwürfel hat Ulla zusammengesetzt?

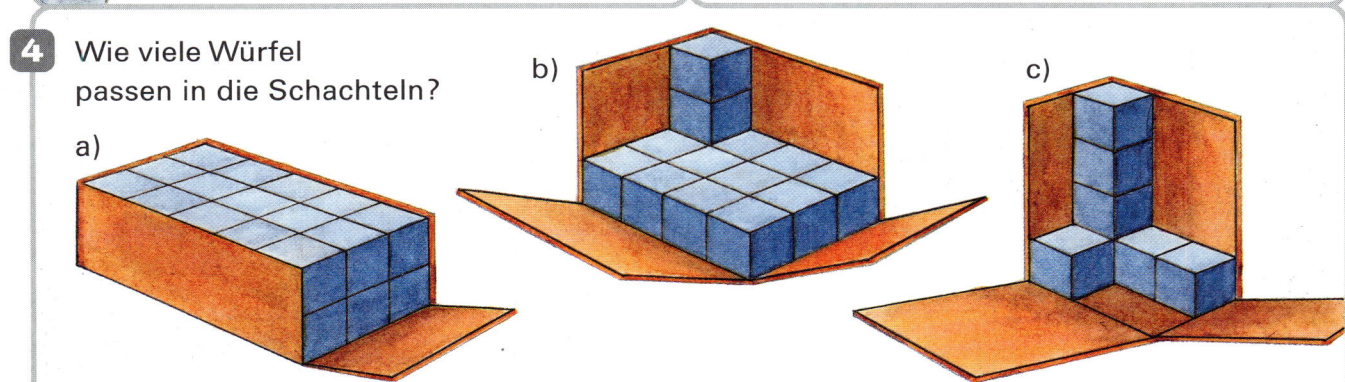

4 Wie viele Würfel passen in die Schachteln?

5 Der rot angemalte Würfel wurde durch 6 Schnitte zersägt.

a) Wie viele kleine Würfel sind entstanden?
b) Wie viele der kleinen Würfel haben drei (zwei, eine, null) rote Flächen?
c) Wie ist es bei 9 Schnitten?

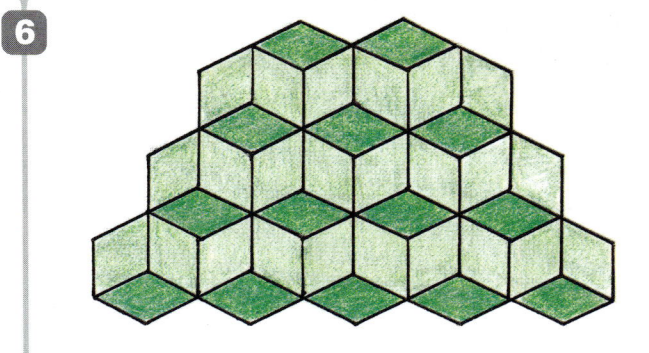

6

a) Wie viele Würfel kannst du hier erkennen?
b) Stelle das Bild auf den Kopf, und zähle wieder.

Garten anlegen

Winterharte Stauden

GELB =	3,50	DM
ROT =	4,—	DM
BLAU =	4,50	DM
GRÜN =	5,—	DM
SCHWARZ =	5,50	DM
WEISS =	gemäß Einzelauszeichnung	

1

„Ich habe 20 Stauden zu 3,50 DM ausgesucht!"

„Ich habe 12 Stauden zu 5,50 DM."

„Wir wollen höchstens 50 DM ausgeben!"

Garten anlegen

1 Familie Wagner will den Garten neu bepflanzen. Mutter schätzt, daß mindestens 25 Sträucher und Bäume nötig sind.

Am schönsten sind immergrüne Sträucher und Bäume!

Ich möchte viele blühende Sträucher!

Wir müssen aber auch Früchte im Garten haben – oder?

GARTENZENTRUM · AKTIONSTAG · Samstag von 8.00–18.00

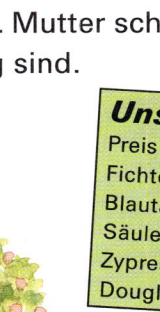

Unsere Immergrünen
Preis je nach Wuchs
Fichten	12 DM/25 DM/42 DM
Blautannen	45 DM/68 DM/125 DM
Säuleneiben	28 DM/38 DM/75 DM
Zypressen	12 DM/24 DM/48 DM
Douglastannen	36 DM/69 DM

Unsere Fruchtigen
Riesen-Brombeere	12,50 DM
Stachelbeere, Hochstamm	14,80 DM
Johannisbeere, rot	16,50 DM
Riesen-Heidelbeere	12,80 DM
Apfel, Birne	je 27,00 DM

Unsere Vogelschutzgehölze
Preise je nach Wuchs
Besenginster	5,60 DM/9,80 DM/16 DM
Feuerdorn	8,60 DM/22 DM
Weißdorn	12,50 DM/27 DM
Schneeball	7,50 DM/12 DM/25 DM
Haselnuß	13,50 DM/28 DM

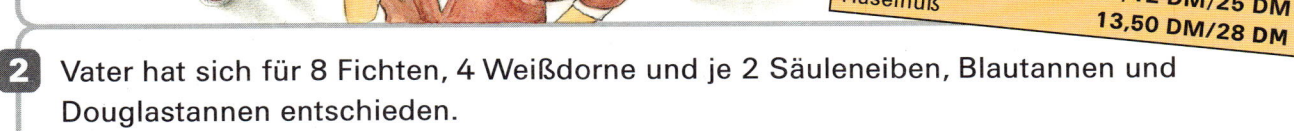

2 Vater hat sich für 8 Fichten, 4 Weißdorne und je 2 Säuleneiben, Blautannen und Douglastannen entschieden.
Mutter möchte lieber Besenginster (10 Sträucher), Feuerdorn (8 Sträucher), Schneeball (6 Sträucher) und Haselnuß (4 Sträucher) im Garten anpflanzen.
Sandra will die Eltern überreden, dazu noch 3 Stachelbeer- und 2 Johannisbeersträucher sowie einen Apfelbaum zu pflanzen.

a) Berechne für Vaters und Mutters Vorschlag die preisgünstigste und die teuerste Möglichkeit.
b) Rechne jeweils Sandras Wünsche hinzu.
c) Es stehen 600 DM zur Verfügung. Überlege und rechne!
d) Das Gartenzentrum liefert an Familie Wagner schließlich:

Fichte:	4	Feuerdorn:	4
Blautanne:	2	Schneeball:	4
Douglastanne:	2	Haselnuß:	2
Besenginster:	6	Stachelbeere:	2
Weißdorn:	2	Johannisbeere:	2

Schreibe eine Rechnung. Bedenke dabei, daß Familie Wagner nicht mehr als 600 DM ausgeben wollte.

3 Diese Lieferung geht an einen anderen Kunden. Schreibe die Rechnung.

Dienstag liefern!
5 Säuleneiben, klein
4 Zypressen, mittel
2 Douglastannen, groß
8 Schneeball, klein

4 *Ich habe für Johannisbeersträucher 82,50 DM und für Stachelbeersträucher 59,20 DM ausgegeben.*

Wie viele Pflanzen hat Herr Müller gekauft?

73

Lösungshilfen für Sachaufgaben

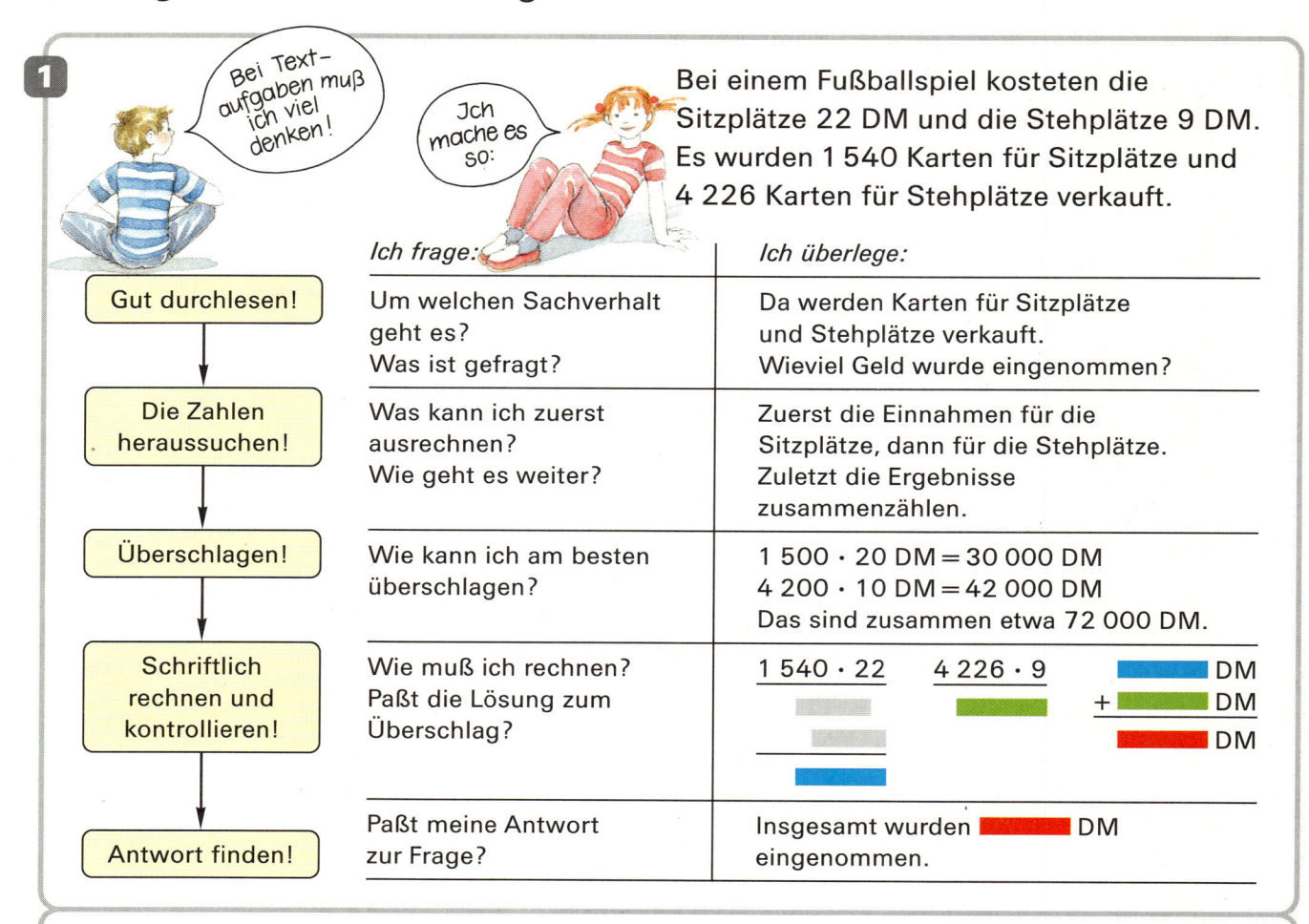

1

Bei Textaufgaben muß ich viel denken!

Ich mache es so:

Bei einem Fußballspiel kosteten die Sitzplätze 22 DM und die Stehplätze 9 DM. Es wurden 1 540 Karten für Sitzplätze und 4 226 Karten für Stehplätze verkauft.

	Ich frage:	*Ich überlege:*
Gut durchlesen!	Um welchen Sachverhalt geht es? Was ist gefragt?	Da werden Karten für Sitzplätze und Stehplätze verkauft. Wieviel Geld wurde eingenommen?
Die Zahlen heraussuchen!	Was kann ich zuerst ausrechnen? Wie geht es weiter?	Zuerst die Einnahmen für die Sitzplätze, dann für die Stehplätze. Zuletzt die Ergebnisse zusammenzählen.
Überschlagen!	Wie kann ich am besten überschlagen?	1 500 · 20 DM = 30 000 DM 4 200 · 10 DM = 42 000 DM Das sind zusammen etwa 72 000 DM.
Schriftlich rechnen und kontrollieren!	Wie muß ich rechnen? Paßt die Lösung zum Überschlag?	1 540 · 22 4 226 · 9 ▬ DM +▬ DM ▬ DM
Antwort finden!	Paßt meine Antwort zur Frage?	Insgesamt wurden ▬ DM eingenommen.

2

SC Bergheim 1908
Eintrittspreise: Tribüne   Stehplatz
Erwachsene   16 DM   9 DM
Schüler, Studenten   10 DM   4 DM

Aufgabe: 875 · 16 DM

Ich überschlage: 900 · 20 DM

Ich überschlage so: 800 · 20 DM

Ich rechne 900 · 10.

Das Stadion in Bergheim hat 875 Tribünenplätze und 3 680 Stehplätze. Wie hoch sind die Einnahmen, wenn alle Plätze mit Erwachsenen besetzt sind?

3 Welcher Überschlag ist am günstigsten? Überlege, und rechne dann genau!

386 · 46	735 · 34	57 · 442	567 · 38	24 · 5 384	67 · 3 644
400 · 50	700 · 30	60 · 400	600 · 40	20 · 5 000	70 · 4 000
400 · 40	700 · 40	60 · 500	600 · 30	20 · 6 000	70 · 3 000
300 · 50	800 · 30	50 · 500	500 · 40	30 · 5 000	60 · 4 000

4 Beim letzten Spiel des SC Bergheim kamen 1 655 Erwachsene (davon 564 Tribüne) und 1 283 Schüler und Studenten (Tribüne 186).   Pz 17

5 Beim Pokalspiel wurden die Preise um die Hälfte erhöht und die Ermäßigung für Schüler und Studenten gestrichen. Das Stadion war ausverkauft.   Pz 21

Lösungshilfen für Sachaufgaben

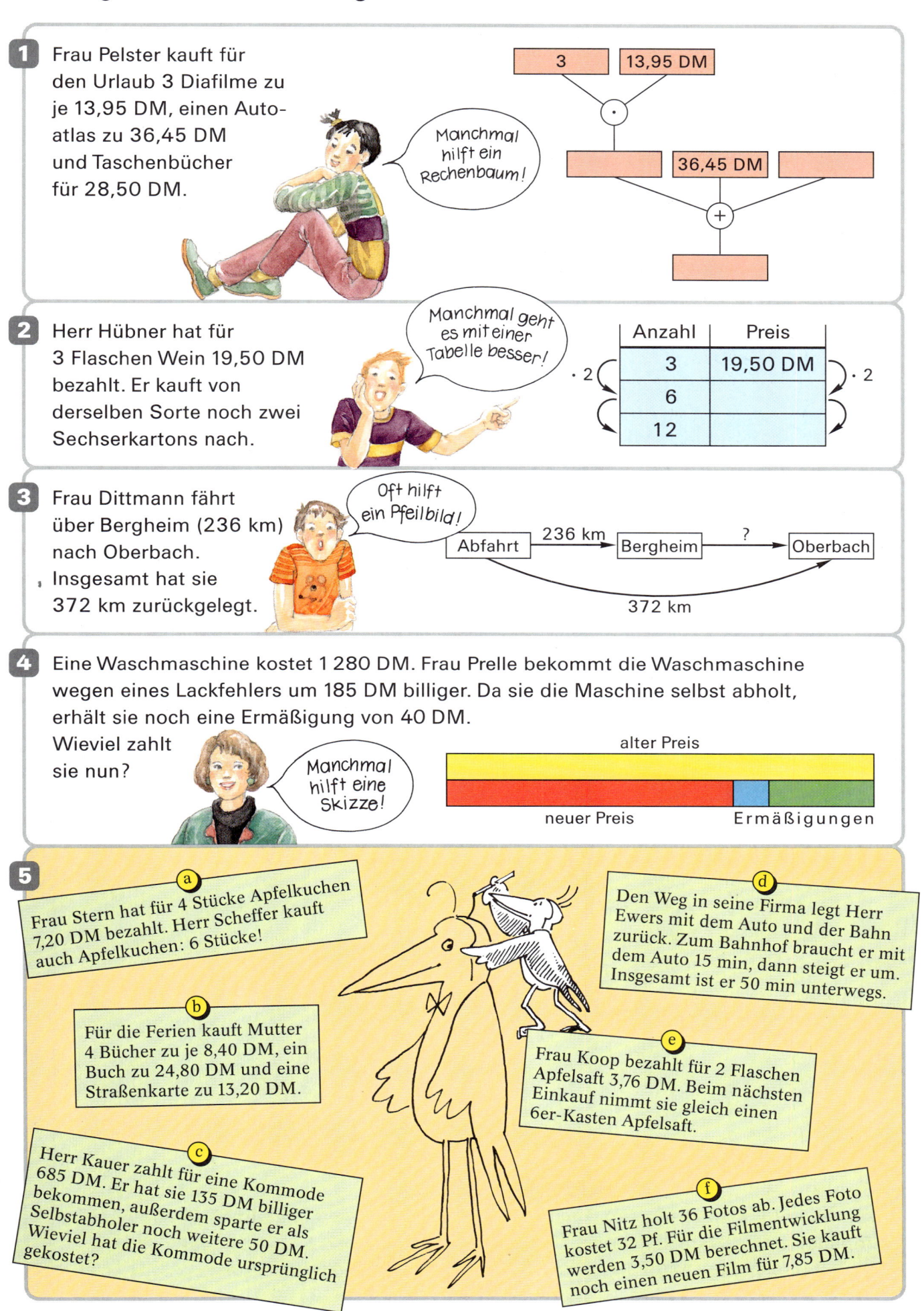

1 Frau Pelster kauft für den Urlaub 3 Diafilme zu je 13,95 DM, einen Autoatlas zu 36,45 DM und Taschenbücher für 28,50 DM.

Manchmal hilft ein Rechenbaum!

2 Herr Hübner hat für 3 Flaschen Wein 19,50 DM bezahlt. Er kauft von derselben Sorte noch zwei Sechserkartons nach.

Manchmal geht es mit einer Tabelle besser!

Anzahl	Preis
3	19,50 DM
6	
12	

3 Frau Dittmann fährt über Bergheim (236 km) nach Oberbach. Insgesamt hat sie 372 km zurückgelegt.

Oft hilft ein Pfeilbild!

4 Eine Waschmaschine kostet 1 280 DM. Frau Prelle bekommt die Waschmaschine wegen eines Lackfehlers um 185 DM billiger. Da sie die Maschine selbst abholt, erhält sie noch eine Ermäßigung von 40 DM. Wieviel zahlt sie nun?

Manchmal hilft eine Skizze!

alter Preis
neuer Preis — Ermäßigungen

5

a Frau Stern hat für 4 Stücke Apfelkuchen 7,20 DM bezahlt. Herr Scheffer kauft auch Apfelkuchen: 6 Stücke!

b Für die Ferien kauft Mutter 4 Bücher zu je 8,40 DM, ein Buch zu 24,80 DM und eine Straßenkarte zu 13,20 DM.

c Herr Kauer zahlt für eine Kommode 685 DM. Er hat sie 135 DM billiger bekommen, außerdem sparte er als Selbstabholer noch weitere 50 DM. Wieviel hat die Kommode ursprünglich gekostet?

d Den Weg in seine Firma legt Herr Ewers mit dem Auto und der Bahn zurück. Zum Bahnhof braucht er mit dem Auto 15 min, dann steigt er um. Insgesamt ist er 50 min unterwegs.

e Frau Koop bezahlt für 2 Flaschen Apfelsaft 3,76 DM. Beim nächsten Einkauf nimmt sie gleich einen 6er-Kasten Apfelsaft.

f Frau Nitz holt 36 Fotos ab. Jedes Foto kostet 32 Pf. Für die Filmentwicklung werden 3,50 DM berechnet. Sie kauft noch einen neuen Film für 7,85 DM.

Sachaufgaben – Schlußrechnung

1

Heute frisch:
Aufschnitt, gemischt 100 g nur 0,88 DM
Mettwurst 100 g nur 1,16 DM
Jagdwurst 100 g 1,28 DM
Leberwurst, grob 100 g 1,76 DM
Salami 100 g 2,20 DM

a) Daniela kauft 200 g Aufschnitt und 200 g Salami. **Pz 13**

b) Alexander kauft 150 g Jagdwurst und 100 g Leberwurst. **Pz 17**

c) Jan kauft 250 g Aufschnitt. Er zahlt mit einem Zehnmarkschein. **Pz 15**

d) Denke dir weitere Aufgaben aus.

2 a) Lege eine Tabelle an, und berechne die Preise für den Aufschnitt. Überlege!

Gewicht	50 g	100 g	200 g	400 g	500 g	600 g	1 kg	1,5 kg
Preis		0,88 DM						

b) Lege auch eine Tabelle für die Mettwurst an:

Gewicht	50 g	100 g	150 g	300 g	350 g	700 g	1 kg	1,3 kg
Preis		1,16 DM						

3 Lege Tabellen an. Berechne auch hier die Preise.

a) Salami

Gewicht	Preis
50 g	
100 g	2,20 DM
200 g	
250 g	
500 g	
750 g	
1 000 g	

b) Leberwurst

Gewicht	Preis
25 g	
50 g	
100 g	1,76 DM
125 g	
200 g	
225 g	
275 g	

c) Frau Peters kauft 200 g Salami und 125 g Leberwurst. **Pz 12**

d) Jana kauft 150 g Aufschnitt und 200 g Leberwurst. **Pz 16**

e) Herr Meister zahlt mit einem 20-DM-Schein. Er hat 150 g Mettwurst und 200 g Jagdwurst gekauft. **Pz 13**

Alles Wurst!

4 a) Herr Frey kauft 750 g Speck, das Kilogramm zu 14,80 DM. **Pz 3**

Gewicht	Preis
1 000 g	14,80 DM
500 g	
250 g	
750 g	

Pz 17

b) Er zahlt mit einem 20-DM-Schein.

c) Beim Bäcker hat Herr Frey 7,88 DM und beim Gemüsehändler 16,24 DM bezahlt. Wieviel hat er für seine drei Einkäufe ausgegeben? **Pz 12**

5 a) Ralf kauft 250 g Hackfleisch, das Kilogramm zu 12,20 DM, und 750 g Schweinefleisch, das Kilogramm zu 17 DM. Lege wieder Tabellen an: **Pz 14**

Hackfleisch

Gewicht	Preis
1 000 g	12,20 DM
500 g	
250 g	

Schweinefleisch

Gewicht	Preis
1 000 g	17 DM
500 g	
250 g	
750 g	

b) Ralf zahlt mit einem 50-DM-Schein. **Pz 9**

c) Sonderangebot: 1 kg Schweinefleisch 14,80 DM, 1 kg Hackfleisch 9,80 DM.

Sachaufgaben – Schlußrechnung

1 Frau Moser hat für 20 Knäuel Wolle 140 DM bezahlt.
Sie braucht für den Pullover aber nur 17 Knäuel.

a) Sie kann die restlichen Knäuel zurückgeben. Wieviel Geld erhält sie dafür?
Rechne mit einer Tabelle. Berechne zuerst den Preis für ein Knäuel Wolle:

Anzahl der Knäuel	Preis
20	140 DM
1	
3	

:20) :20
·3) ·3

b) Wieviel kostet der Pullover?   Pz 11

2 Frau Haber hat für einen Kinderpulli 6 Knäuel zu 45 DM gekauft. Sie braucht noch weitere 4 Knäuel Wolle.

a) Wieviel muß sie dafür bezahlen?   Pz 3
b) Wieviel kostet der Pulli insgesamt?   Pz 12

Anzahl der Knäuel	Preis
6	45 DM
2	
4	

3 Christian strickt sich seinen ersten Schal. Er hat 3 Knäuel Wolle für 16,80 DM gekauft. Das reicht nicht, er kauft noch 2 Knäuel dazu.

a) Wieviel zahlt er für die 2 Knäuel?   Pz 4
b) Wieviel kostet der Schal insgesamt? Pz 10

Anzahl	Preis
3	16,80 DM
1	
2	
5	

4 Frau Kraeft hat für einen Pulli schon 200 g Wolle verbraucht. Das 50-g-Knäuel kostet 8,35 DM.

a) Wieviel hat sie dafür bezahlt?   Pz 10
b) Sie braucht noch 150 g mehr.
Wieviel kostet der Pulli?   Pz 22

5 Großmutter strickt für ihren Enkel eine Jacke. Sie hat für 5 Knäuel Wolle 48,25 DM bezahlt. Jetzt braucht sie noch 3 Knäuel.

a) Wieviel muß sie noch bezahlen? Pz 24
b) Wie teuer wird die Jacke?   Pz 16

6 a) Für 5 Rosen zahlt Frau Haller 9 DM.
Wieviel kosten 7 Rosen?   Pz 9
b) 3 kg Frühkartoffeln kosten 5,70 DM.
Wieviel kosten 5 kg?   Pz 14
c) Für 2 kg Kirschen werden 9,60 DM verlangt. Wieviel kosten 3 kg?   Pz 9

7 Denke dir Sachaufgaben zu diesen Tabellen aus!

a)
Menge	Preis
5 l	14 DM
1 l	
3 l	

b)
Gewicht	Preis
3 kg	37,50 DM
1 kg	
5 kg	

8 üben! Rechne im Kopf!

a) 21 000 / 21 030 / 21 060 / 21 120   :3
b) 45 000 / 45 018 / 45 036 / 45 099   :9
c) 42 000 / 42 012 / 42 030 / 42 066   :6
d) 32 000 / 31 996 / 31 992 / 31 960   :4

Mehrgliedrige Sachaufgaben

Jeder Kasten 6 DM Pfand!

Mineralwasser 6,40 DM
Cola 10,80 DM
Bier 15,50 DM
Limonade 7,80 DM
Orangensaft 1,5-L-Flaschen im 6er-Kasten nur 10,95 DM

Kaufen Sie günstig im Getränke-Abholmarkt!

1 a) Wenn man eine Flasche Mineralwasser einzeln kaufen will, kostet sie 65 Pf. Im Kasten sind 12 Flaschen. Überlege! **Pz 5**
b) Bier kostet im Einzelverkauf 95 Pf. Im Kasten sind 20 Flaschen. **Pz 8**
c) Frau Reith kauft 4 Flaschen Mineralwasser. Für jede Flasche wird 30 Pf Pfand berechnet. **Pz 11**
d) Herr Merkle kauft 5 Flaschen Bier (je 10 Pf Pfand). Er zahlt mit einem 10-DM-Schein.

2 a) Orangensaft gibt es auch als Sonderangebot in Literflaschen im Dreierpack zu 4,68 DM. Vergleiche mit dem 6er-Kasten!
b) Cola gibt es auch im preisgünstigen Sechserpack zu 6,45 DM. Der Kasten Cola enthält 12 Flaschen. Vergleiche die Preise!

3 a) Herr Klein kauft einen Kasten Cola und einen Kasten Limonade. Für jeden Kasten wird Pfand berechnet. Er zahlt mit einem 50-DM-Schein. **Pz 14**
b) Frau Neu kauft 2 Kästen Mineralwasser. Sie gibt einen leeren Kasten zurück und bezahlt mit einem 20-DM-Schein. **Pz 3**

4 a) Frau Kühner kauft einen Kasten Orangensaft, einen Kasten Cola und 2 Kästen Mineralwasser. Sie gibt 2 leere Kästen zurück. **Pz 20**
b) Herr Peters gibt 3 Kästen zurück und kauft für 13,80 DM Getränke.
c) Herr Dorn kauft Bier. Von 50 DM erhält er 13 DM zurück. Überlege!

5 *Ich habe 6 Flaschen Orangensaft im Supermarkt gekauft. Dort kostet eine Flasche nur 1,90 DM!*
Für jede Flasche kommen 30 Pf Pfand hinzu!

6 1×1 üben!
a) 18 000 : 6 : 60
b) 21 000 : 3 : 30
c) 24 000 : 6 : 60
d) 45 000 : 9 : 90
e) 28 000 : 7 : 70
f) 96 000 : 4 : 40
g) 42 000 : 3 : 30
h) 72 000 : 6 : 60

Tierhaltung

1

Rebell ist ein tolles Pferd! *Mir gefällt Viola!* *Wieviel muß ich im Monat zahlen?*

VIOLA 4200 DM REBELL 5600 DM MAX

Frau Gertig, Frau Helm und Herr Klausen kaufen gemeinsam ein Pferd.
a) Herr Klausen reitet am wenigsten, deshalb zahlt er nur den vierten Teil des Kaufpreises.
b) Frau Gertig und Frau Helm zahlen jeweils die Hälfte vom Restbetrag.
c) Die monatlichen Kosten werden von allen zu gleichen Teilen bezahlt.

Monatliche Kosten für ein Pferd

Stallmiete	250 DM
Futter	200 DM
Schmied, Arzt, sonst.	90 DM

2

Tägliche Kosten im Tierpark

Futter	3 000 DM
Strom, Gas, Wasser	2 400 DM
Löhne, Gehälter	10 500 DM
Reparaturen	2 000 DM

EINTRITTSPREISE

Erwachsene	15 DM
Kinder	9 DM

a) Berechne die täglichen Gesamtkosten des Tierparks.
b) An einem normalen Wochentag besuchen durchschnittlich 350 Erwachsene und 750 Kinder den Tierpark. Vergleiche die Einnahmen mit den Kosten.
c) An den Wochenenden sind es dreimal so viele Besucher. Vergleiche Einnahmen und Kosten für eine ganze Woche.

3 So viel Futter braucht ein Hund täglich:

Körpergewicht	nur Dosenfutter	nur Trockenfutter
bis 10 kg	1 Dose	200 g
bis 25 kg	2 Dosen	400 g
bis 45 kg	3 Dosen	600 g

Berechne für jeden Hund die Futterkosten für eine Woche.

12,80 DM   1,68 DM

4 *Auf meinem Sparbuch habe ich 196 DM!*

Schleierschwanz	7,50 DM
Prachtbarbe	8,50 DM
Haibarbe	11,50 DM
Kugelfisch	6,90 DM
Feuerschwanz	5,60 DM
Futter	8,70 DM

Angebot: Aquarium mit Pumpe und Filter **nur 148,-**

Zahlen bis zur Million

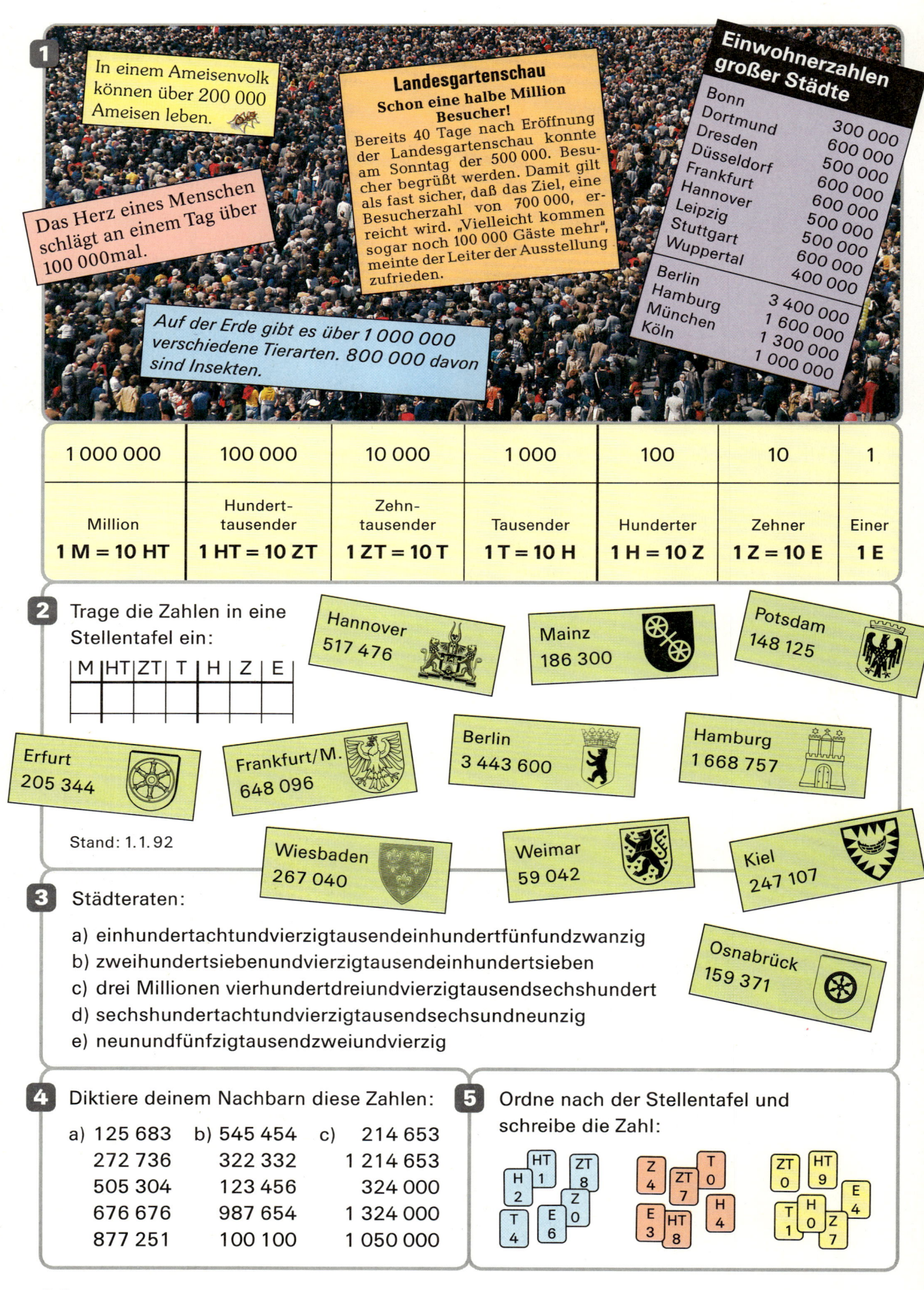

1

In einem Ameisenvolk können über 200 000 Ameisen leben.

Das Herz eines Menschen schlägt an einem Tag über 100 000mal.

Landesgartenschau
Schon eine halbe Million Besucher!
Bereits 40 Tage nach Eröffnung der Landesgartenschau konnte am Sonntag der 500 000. Besucher begrüßt werden. Damit gilt als fast sicher, daß das Ziel, eine Besucherzahl von 700 000, erreicht wird. „Vielleicht kommen sogar noch 100 000 Gäste mehr", meinte der Leiter der Ausstellung zufrieden.

Auf der Erde gibt es über 1 000 000 verschiedene Tierarten. 800 000 davon sind Insekten.

Einwohnerzahlen großer Städte

Bonn	300 000
Dortmund	600 000
Dresden	500 000
Düsseldorf	600 000
Frankfurt	600 000
Hannover	500 000
Leipzig	500 000
Stuttgart	600 000
Wuppertal	400 000
Berlin	3 400 000
Hamburg	1 600 000
München	1 300 000
Köln	1 000 000

1 000 000	100 000	10 000	1 000	100	10	1
Million	Hunderttausender	Zehntausender	Tausender	Hunderter	Zehner	Einer
1 M = 10 HT	1 HT = 10 ZT	1 ZT = 10 T	1 T = 10 H	1 H = 10 Z	1 Z = 10 E	1 E

2 Trage die Zahlen in eine Stellentafel ein:

M	HT	ZT	T	H	Z	E

- Hannover 517 476
- Mainz 186 300
- Potsdam 148 125
- Erfurt 205 344
- Frankfurt/M. 648 096
- Berlin 3 443 600
- Hamburg 1 668 757
- Wiesbaden 267 040
- Weimar 59 042
- Kiel 247 107
- Osnabrück 159 371

Stand: 1.1.92

3 Städteraten:

a) einhundertachtundvierzigtausendeinhundertfünfundzwanzig
b) zweihundertsiebenundvierzigtausendeinhundertsieben
c) drei Millionen vierhundertdreiundvierzigtausendsechshundert
d) sechshundertachtundvierzigtausendsechsundneunzig
e) neunundfünfzigtausendzweiundvierzig

4 Diktiere deinem Nachbarn diese Zahlen:

a) 125 683
272 736
505 304
676 676
877 251

b) 545 454
322 332
123 456
987 654
100 100

c) 214 653
1 214 653
324 000
1 324 000
1 050 000

5 Ordne nach der Stellentafel und schreibe die Zahl:

- H 2, HT 1, ZT 8, T 4, E 6, Z 0
- Z 4, ZT 7, T 0, E 3, HT 8, H 4
- ZT 0, HT 9, E 4, T 1, H 0, Z 7

80

Zeigen und rechnen

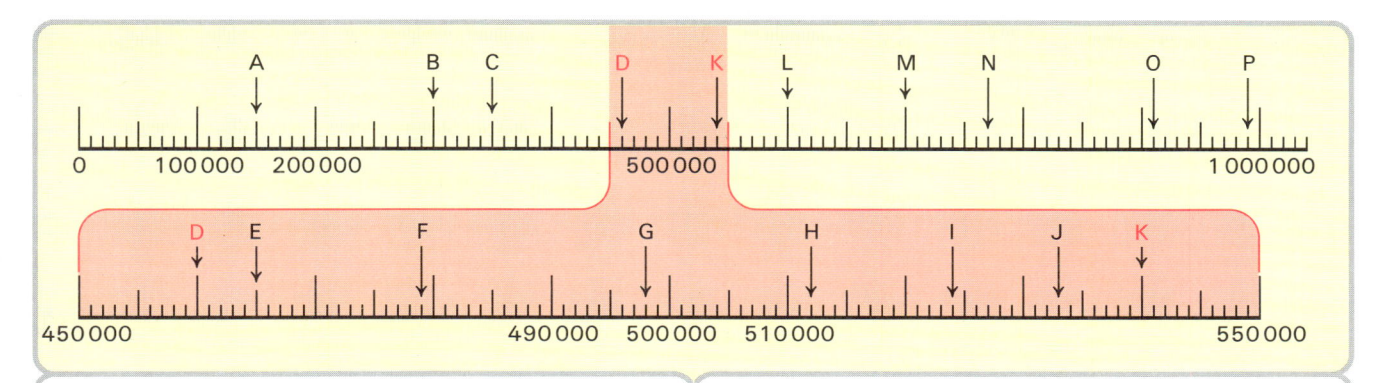

1
a) Zeige am oberen Zahlenstrahl:
90 000, 310 000, 180 000, 490 000,
550 000, 630 000, 870 000, 990 000
b) Wie heißen die „Pfeilzahlen"?
c) Zeige noch andere Zahlen.

2
a) Zeige am unteren Zahlenstrahl:
455 000, 461 000, 475 000, 483 000,
501 000, 512 000, 529 000, 544 000
b) Wie heißen die „Pfeilzahlen"?
c) Zeige noch andere Zahlen.

3 Ergänze zum nächsten Hunderttausender:
260 000 + 40 000 = 300 000

| 260 000 | 150 000 | 920 000 | 640 000 |
| 485 000 | 391 000 | 716 000 | 238 000 |

4 Subtrahiere vom Hunderttausender:
200 000 − 70 000 = 130 000

| 200 000 | 300 000 |
| 400 000 | 500 000 |

a) − 70 000
b) − 40 000
c) − 8 000

5
Der Bauplatz kostet zusätzlich noch 70 000 DM.

FERTIGHAUS
Typ A: 280 000 DM
Typ B: 490 000 DM
Typ C: 360 000 DM

Wenn wir die Anlage des Gartens selbst übernehmen, können wir 9000 DM sparen.

6
a) 480 000 + 60 000
370 000 + 80 000
660 000 + 40 000
830 000 + 90 000
950 000 + 70 000

b) 520 000 − 50 000
740 000 − 70 000
260 000 − 50 000
610 000 − 80 000
330 000 − 60 000

c) 870 000 − 50 000
460 000 + 70 000
740 000 − 80 000
520 000 + 60 000
910 000 − 50 000

d) 440 000 + 50 000
690 000 + 80 000
140 000 − 60 000
970 000 − 50 000
280 000 + 90 000

7
a) 496 000 + 7 000
394 000 + 8 000
286 000 + 5 000
898 000 + 4 000
999 000 + 3 000

b) 503 000 − 4 000
906 000 − 8 000
712 000 − 9 000
801 000 − 5 000
102 000 − 7 000

c) 593 000 + 8 000
907 000 − 5 000
488 000 + 7 000
603 000 − 6 000
197 000 + 9 000

d) 408 000 − 9 000
516 000 − 7 000
394 000 + 8 000
997 000 + 4 000
104 000 − 8 000

8

Altglas-Sammelergebnis		
	1991	1992
Sammelstelle	kg	kg
Brückenstraße	140 000	170 000
Parkplatz	210 000	190 000
Stiftshof	180 000	250 000

Zeigen und rechnen

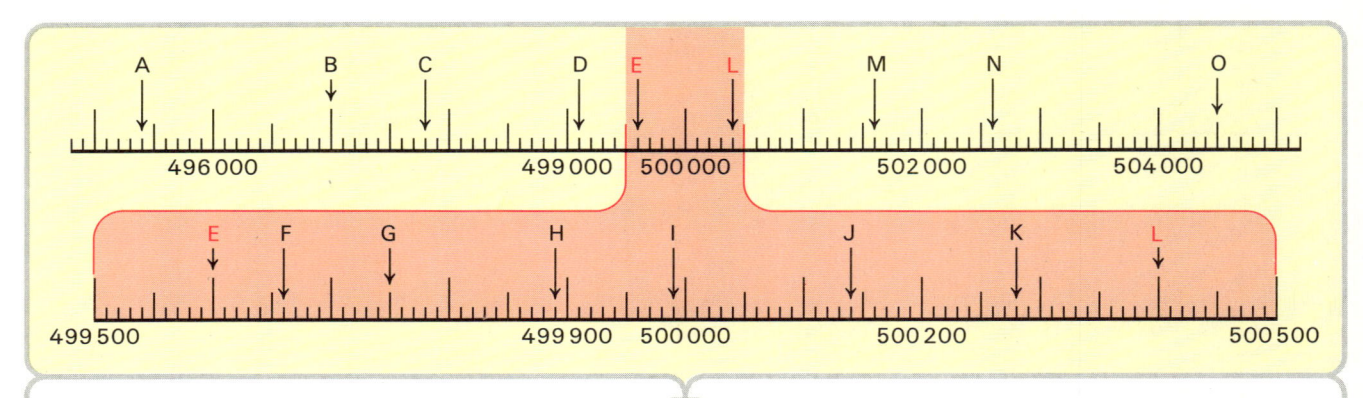

1 a) Zeige am geeigneten Zahlenstrahl:
496 200, 499 650, 499 710, 499 860,
495 900, 499 990, 503 470, 500 380

b) Wie heißen die „Pfeilzahlen"?

c) Zeige noch andere Zahlen.

2 Nachbarhunderter:

464 800 | 464 850 | 464 900

| 218 420 | 737 140 | 595 720 | 900 090 |
| 100 030 | 312 700 | 899 910 | 999 910 |

3 Nachbartausender:

576 000 | 576 300 | 577 000

| 448 700 | 396 000 | 231 430 | 673 000 |
| 996 510 | 299 900 | 999 490 | 100 480 |

4 Nachbarzehntausender:

530 000 | 534 000 | 540 000

| 853 000 | 981 000 | 470 000 | 401 500 |
| 393 800 | 156 380 | 892 610 | 503 940 |

5 Ergänze zum nächsten Hunderttausender:

499 600 + ⬚ = 500 000

| 499 600 | 899 400 | 699 100 | 799 300 |
| 299 950 | 499 980 | 399 920 | 999 970 |

6 Subtrahiere vom Hunderttausender:

800 000 − 800 =

| 800 000 | 200 000 |
| 500 000 | 700 000 |

a) immer − 800
b) immer − 500
c) immer − 90

7
a) 499 700 + 500
   399 800 + 300
   886 900 + 600
   999 500 + 800

b) 500 300 − 600
   900 100 − 800
   700 400 − 500
   801 200 − 700

c) 400 600 − 800
   193 300 + 900
   503 100 − 400
   399 800 + 700

d) 289 900 + 600
   499 400 + 800
   703 200 − 400
   800 700 − 900

8
a) 499 980 + 50
   699 980 + 70
   298 990 + 20
   999 950 + 80

b) 500 020 − 40
   900 010 − 60
   701 040 − 70
   600 070 − 90

c) 600 040 − 80
   499 980 + 60
   801 030 − 70
   398 040 + 90

d) 199 040 − 50
   800 120 − 70
   290 980 + 40
   699 930 + 80

9 Verdopple die roten Zahlen, halbiere die grünen Zahlen. Ordne die Ergebnisse. Beginne mit der größten Zahl. Die richtige Reihenfolge der Buchstaben ergibt ein Lösungswort.

400 090 | E
200 300 | E
300 650 | N
230 450 | N
800 800 | M
502 000 | L
307 000 | O
700 090 | I
400 700 | I
310 700 | I
108 000 | L

Zeigen und rechnen

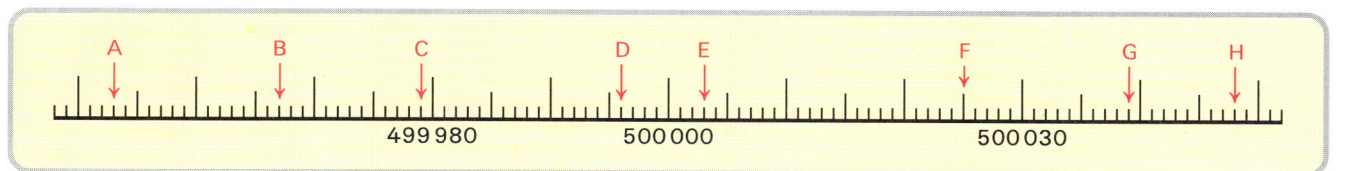

```
A        B        C            D      E              F         G      H
|--------|--------|--------|----|----|--------|----|----|
      499 980            500 000              500 030
```

1 a) Zeige am Zahlenstrahl:
499 952, 499 964, 499 966, 499 978, 499 989, 499 996, 499 999,
500 002, 500 013, 500 025, 500 027, 500 037, 500 041, 500 048
b) Wie heißen die „Pfeilzahlen"?
c) Zeige noch andere Zahlen.

2 Ordne. Beginne mit der größten Zahl.

876 543   867 345   876 345
867 534   876 435   867 453

3 Ordne. Beginne mit der kleinsten Zahl.

123 456   132 465   123 564
132 456   123 645   132 546

4 160 000
a) + 8
b) + 80
c) + 800
d) + 8 000
e) + 80 000

5 379 000
a) + 6
b) + 60
c) + 600
d) + 6 000
e) + 60 000

6 910 000
a) − 7
b) − 70
c) − 700
d) − 7 000
e) − 70 000

7 845 000
a) − 5
b) − 50
c) − 500
d) − 5 000
e) − 50 000

8 Wieviel fehlt bis zur Million?

915 000   995 950
540 000   775 000   199 999   999 917

9

- Meine Zahl ist doppelt so groß wie 175 075.
- Meine Zahl liegt in der Mitte zwischen 440 000 und 840 000.
- Meine Zahl ist halb so groß wie 910 000.
- Meine Zahl ist halb so groß wie das Doppelte von 315 800.
- Meine Zahlen liegen zwischen 300 000 und 600 000. Die beiden ersten und die beiden letzten Ziffern sind gleich.
- Meine Zahl ist um 500 000 größer als das Doppelte von 250 000.
- Meine Zahlen liegen zwischen 500 000 und 900 000. Alle Ziffern sind gleich.
- Meine Zahl ist um 999 999 kleiner als eine Million.

Multiplizieren und dividieren

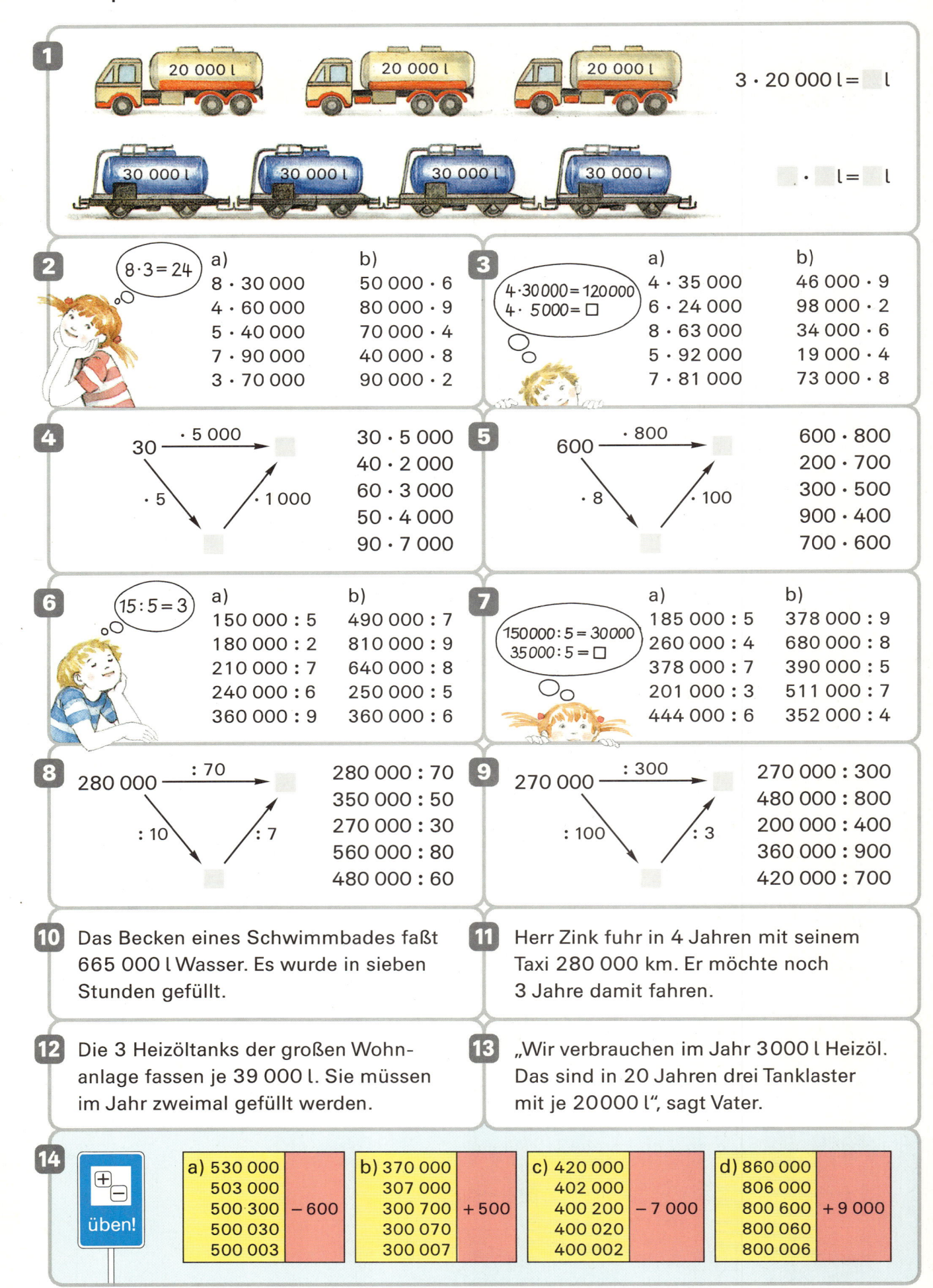

1 3 · 20 000 l = ☐ l

☐ · ☐ l = ☐ l

2 8 · 3 = 24

a)
8 · 30 000
4 · 60 000
5 · 40 000
7 · 90 000
3 · 70 000

b)
50 000 · 6
80 000 · 9
70 000 · 4
40 000 · 8
90 000 · 2

3 4 · 30 000 = 120 000
4 · 5 000 = ☐

a)
4 · 35 000
6 · 24 000
8 · 63 000
5 · 92 000
7 · 81 000

b)
46 000 · 9
98 000 · 2
34 000 · 6
19 000 · 4
73 000 · 8

4 30 →· 5000→ ☐ ↑·1000 ; ·5↓ ☐

30 · 5 000
40 · 2 000
60 · 3 000
50 · 4 000
90 · 7 000

5 600 →· 800→ ☐ ↑·100 ; ·8↓ ☐

600 · 800
200 · 700
300 · 500
900 · 400
700 · 600

6 15 : 5 = 3

a)
150 000 : 5
180 000 : 2
210 000 : 7
240 000 : 6
360 000 : 9

b)
490 000 : 7
810 000 : 9
640 000 : 8
250 000 : 5
360 000 : 6

7 150 000 : 5 = 30 000
35 000 : 5 = ☐

a)
185 000 : 5
260 000 : 4
378 000 : 7
201 000 : 3
444 000 : 6

b)
378 000 : 9
680 000 : 8
390 000 : 5
511 000 : 7
352 000 : 4

8 280 000 →: 70→ ☐ ↑:7 ; :10↓ ☐

280 000 : 70
350 000 : 50
270 000 : 30
560 000 : 80
480 000 : 60

9 270 000 →: 300→ ☐ ↑:3 ; :100↓ ☐

270 000 : 300
480 000 : 800
200 000 : 400
360 000 : 900
420 000 : 700

10 Das Becken eines Schwimmbades faßt 665 000 l Wasser. Es wurde in sieben Stunden gefüllt.

11 Herr Zink fuhr in 4 Jahren mit seinem Taxi 280 000 km. Er möchte noch 3 Jahre damit fahren.

12 Die 3 Heizöltanks der großen Wohnanlage fassen je 39 000 l. Sie müssen im Jahr zweimal gefüllt werden.

13 „Wir verbrauchen im Jahr 3000 l Heizöl. Das sind in 20 Jahren drei Tanklaster mit je 20 000 l", sagt Vater.

14 üben!

a) 530 000
503 000
500 300
500 030
500 003
− 600

b) 370 000
307 000
300 700
300 070
300 007
+ 500

c) 420 000
402 000
400 200
400 020
400 002
− 7 000

d) 860 000
806 000
800 600
800 060
800 006
+ 9 000

Schriftliches Rechnen

1

Erneuerungsarbeiten an der Grundschule Sonnenwinkel abgeschlossen

Mit einem gelungenen Schulfest wurde an der Grundschule Sonnenwinkel die Renovierung des Schulgebäudes gefeiert. Nach Auskunft von Bürgermeister Feinauer belaufen sich die Kosten für die Erneuerungsarbeiten auf 306 330 DM. Das sind 27 880 DM mehr als ursprünglich vorgesehen.

Die Erneuerung der Bergschule im letzten Jahr kostete 188 750 DM!

Das sind zusammen fast eine halbe Million DM.

Überschlagen → Rechnen → Kontrollieren

2
a) 219 613 + 486 813
   583 687 − 279 105
   448 309 + 567 866
   974 003 − 687 115
   336 966 + 674 801

b) 216 129 + 369 799 + 481 811
   774 652 − 299 156 − 342 871
   128 948 + 78 617 + 658 706
   956 348 − 86 397 − 297 568
   197 812 + 294 623 + 99 887

1 011 767   592 322   286 888   706 426   304 582   1 016 175   132 625   866 271   572 383   1 067 739

3
Für die Festhalle brauchen wir 965 Stühle.

Ich kann die Stühle zu je 128 DM oder die zu 134 DM empfehlen.

Im Kostenplan sind 125 000 DM vorgesehen.

Überschlagen → Rechnen → Kontrollieren

4
a) 8 812 · 25
   9 643 · 37
   6 109 · 84
   7 788 · 61

b) 363 · 633
   456 · 654
   787 · 878
   999 · 999

c) 186 516 : 9
   273 440 : 5
   832 172 : 4
   470 540 : 7

d) 109 089 : 9
   392 592 : 6
   272 421 : 3
   187 648 : 8

220 300   65 432   356 791   475 068   513 156   12 121   229 779   20 724   90 807   298 224   54 688   23 456   67 220   208 043   998 001   690 986

5 *Ein Einwohner verbraucht in einem Jahr durchschnittlich:*

92 l Milch
249 Eier
7 kg Butter
71 kg Kartoffeln

Wir sind zu fünft in der Familie.
In der Klasse sind wir 25.

a) Berechne den Verbrauch in einem Jahr.
b) Berechne die Kosten in einem Jahr.
c) Denke dir noch andere Aufgaben aus.

Preise
(Statistische Durchschnittswerte für 1992)

Kartoffeln
5 kg .... 5,95 DM

Milch
1 l .... 1,14 DM

Eier
Stück .... 0,26 DM

Butter
250 g .... 2,15 DM

6 Einige Aufgaben kannst du im Kopf rechnen. Löse diese zuerst.

393 911 : 7   900 900 : 3   800 406 − 400 003   478 362 + 317 825   29 995 · 5
784 231 − 386 874   84 762 · 9   299 995 + 305 400   227 156 : 4

605 395   56 273   300 300   397 357   400 403   762 858   56 789   796 187   149 975

Schaubilder

1 a) Hier sind die Einwohnerzahlen der Orte Neustadt, Autal und Bergheim – immer auf Tausender gerundet – dargestellt. ♟ steht für 1 000 Einwohner. Vergleiche!

Neustadt   Autal   Bergheim

Diese Darstellung ist sehr unübersichtlich.

b) So kann man besser vergleichen:

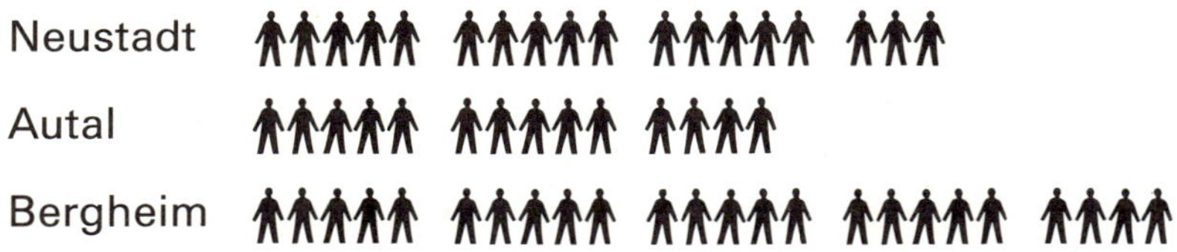

Neustadt
Autal
Bergheim

c) Noch einfacher geht es mit einem Streifendiagramm. Zeichne ins Heft, nimm für 1 000 Einwohner immer ein Rechenkästchen:

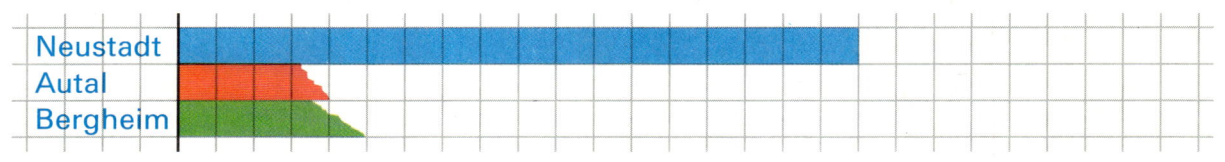

Neustadt
Autal
Bergheim

2 Hier kannst du ablesen, wie viele Schüler der Albert-Schweitzer-Schule bei den Bundesjugendspielen eine Ehrenurkunde erreicht haben.
Vergleiche mit Aufgabe 3!

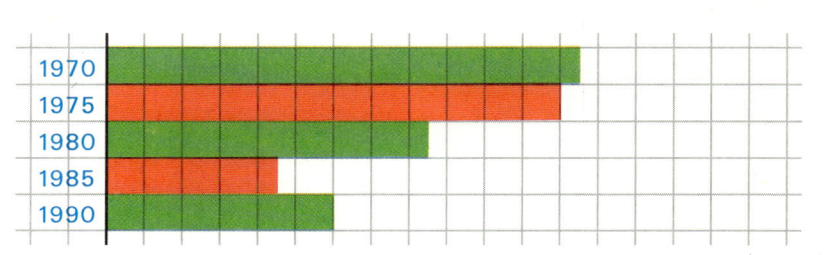

1970
1975
1980
1985
1990

Für 10 Schüler ist ein Rechenkästchen gewählt.

3 Hier sind die Schülerzahlen der Albert-Schweitzer-Schule in Bergheim in einem Streifendiagramm dargestellt.
Lies die Schülerzahlen ab und vergleiche!

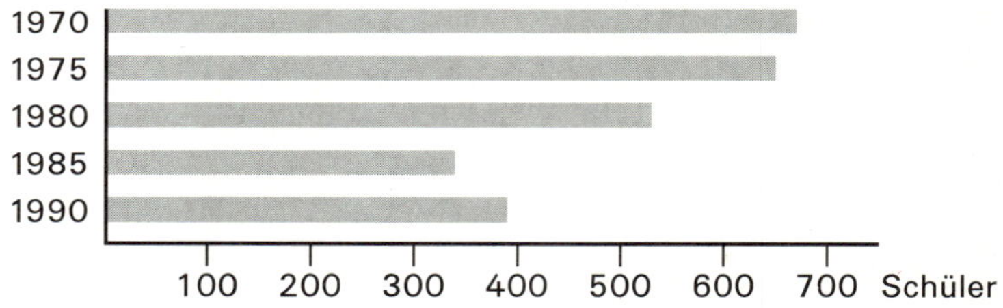

1970
1975
1980
1985
1990

100 200 300 400 500 600 700 Schüler

Für 10 Schüler ist 1 mm gewählt.

4 Stelle die Einwohnerzahlen dieser Großstädte in einem Streifendiagramm dar. Runde zuerst alle Zahlen auf Zehntausender, zeichne dann immer für 10 000 Einwohner 1 mm:

Erfurt	205 000
Frankfurt/Main	648 000
Hannover	517 000
Kiel	247 000
Koblenz	108 000
Mainz	186 000
Potsdam	148 000

Stand: 1.1.92

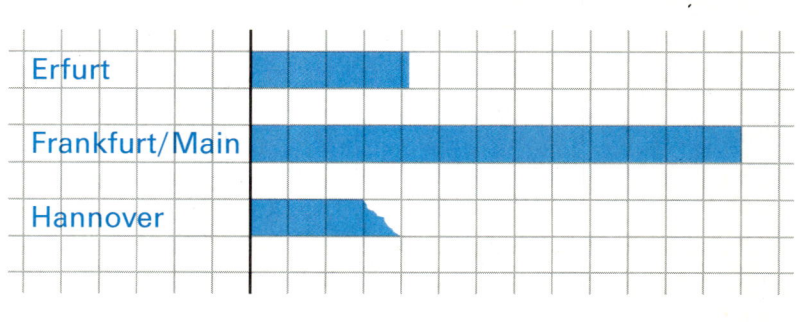

Erfurt
Frankfurt/Main
Hannover

86

Schaubilder

1 a) Hier sind für ein Jahr die monatlichen Durchschnittstemperaturen von Frankfurt/Main angegeben:

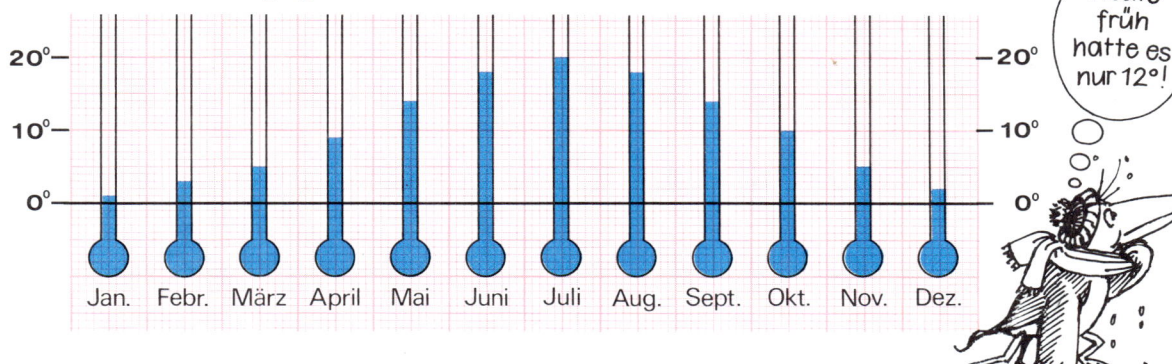

Es geht auch mit einem Säulendiagramm (Blockbild):

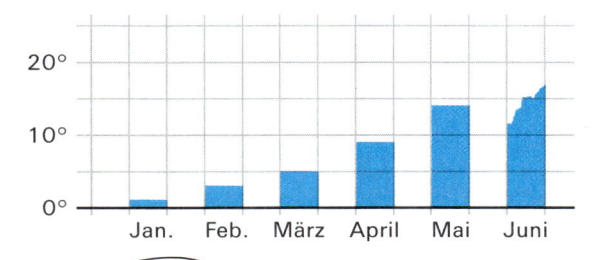

b) Welches Maß wurde für 1° Celsius in der Zeichnung gewählt?

c) Lies aus der Darstellung oben die weiteren Temperaturen ab. Zeichne das vollständige Säulendiagramm ins Heft.

Heute früh hatte es nur 12°!

2 *Das sind die Mittagstemperaturen einer Woche!*

Tag	Mo	Di	Mi	Do	Fr	Sa	So
Temperatur	19°	21°	25°	27°	27°	24°	22°

Das sind auch Mittagstemperaturen einer Woche!

Tag	Mo	Di	Mi	Do	Fr	Sa	So
Temperatur	8°	8°	12°	7°	5°	9°	11°

a) Vergleiche die Tabellen. Zu welchen Monaten können sie gehören?
b) Zeichne Säulendiagramme zu beiden Tabellen.
c) Meßt für euren Ort die Temperaturen täglich einmal zur selben Zeit, notiert die Werte in einer Tabelle und zeichnet ein Säulendiagramm für eine Woche.

3 Tim hat zu verschiedenen Zeitpunkten die Tagestemperatur gemessen:

Uhrzeit	7.00	10.00	13.00	16.00	19.00	21.00
Temperatur	11°	18°	20°	19°	17°	13°

a) Zeichne ein Säulendiagramm. b) Meßt selbst Temperaturen und zeichnet!

4 Dies sind die Besucherzahlen und die Mittagstemperaturen einer Woche im Freibad:

	Mo	Di	Mi	Do	Fr	Sa	So
Besucher	198	271	407	322	283	386	432
Temp.	21°	23°	27°	24°	22°	21°	22°

Runde die Besucherzahlen auf Zehner, zeichne ein gemeinsames Säulendiagramm:

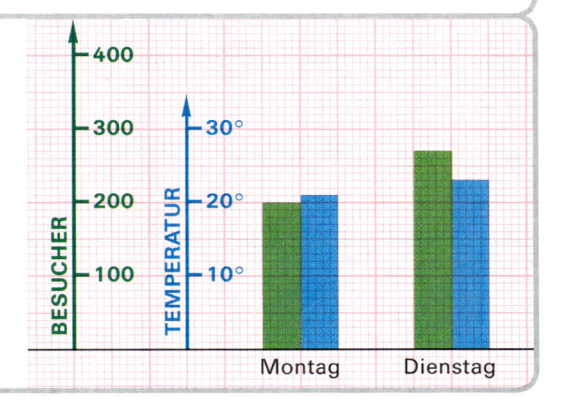

Sachaufgaben

1

Hitzewelle
Besucherrekord im Freibad: gestern 3 847 Badegäste!
Das hat es in Bergheim noch nicht gegeben: morgens um 8 Uhr verlangten schon die ersten Badegäste Einlaß ins Freibad. Dazu Bademeister Hepp, Chef des Freibades: „Wir haben seit Beginn der Hitzewelle einen enormen Andrang von über 3 000 Badegästen pro Tag. Aber so ein Gedränge wie gestern hat es hier noch nie gegeben!"

Der Bademeister hat die Besucherzahlen der letzten 6 Tage notiert:

	Erwachsene	Kinder
Dienstag	188	355
Mittwoch	208	483
Donnerstag	472	531
Freitag	1 246	1 695
Samstag	1 734	1 917
Sonntag	1 841	2 006

a) An welchem Tag begann die Hitzewelle?
b) Berechne für jeden Tag die Gesamtbesucherzahl und zeichne ein Streifendiagramm. Runde dazu die Besucherzahlen auf Hunderter und wähle immer für 100 Besucher ein Rechenkästchen.
c) Die Eintrittspreise betragen 3,50 DM für Erwachsene und 1,20 DM für Kinder.

2
a) Wie viele Fahrzeuge fuhren insgesamt in jeder Stunde auf der Straße?
b) Wann fuhren die meisten Fahrzeuge, wann die wenigsten? Berechne den Unterschied.
c) Wie viele Fahrzeuge fuhren insgesamt zwischen 6 Uhr und 13 Uhr?
d) Wann überwiegt der Verkehr in eine Richtung, wann ist er ausgeglichen?
e) Wie ist es am Abend?
f) Zeichne Streifendiagramme: runde auf Hunderter und wähle ein Rechenkästchen für 100 Fahrzeuge.

Verkehrszählung – Bundesstraße

Uhrzeit	Richtung Stadt	Richtung Land
6 – 7	1 981	680
7 – 8	3 117	1 293
8 – 9	1 834	1 917
9 – 10	972	985
10 – 11	1 217	1 479
11 – 12	1 346	1 318
12 – 13	1 017	992

3 So viele Bücher hat die Stadtbücherei in Bergheim in den vergangenen 12 Monaten ausgeliehen:

April	Mai	Juni	Juli	Aug.	Sept.	Okt.	Nov.	Dez.	Jan.	Febr.	März
1 236	1 105	1 067	916	895	1 155	1 478	1 504	1 477	1 417	1 370	1 281

a) Berechne die Ausleihzahlen für jedes Vierteljahr, vergleiche.
b) Wieviel Bücher wurden im ganzen Jahr ausgeliehen?
c) Zeichne ein Säulendiagramm: runde auf Zehner und wähle 1 cm für 100 Bücher.

4 üben!

a) 56 000 : 7 / : 70 / : 700
b) 63 000 : 9 / : 90 / : 900
c) 42 000 : 6 / : 60 / : 600
d) 32 000 : 8 / : 80 / : 800
e) 270 000 : 9 / : 90 / : 900
f) 350 000 : 5 / : 50 / : 500
g) 720 000 : 8 / : 80 / : 800
h) 640 000 : 4 / : 40 / : 400

Müll

1

Müllaufkommen im Kreis Bergheim			
Jahr	1988	1990	1992
Hausmüll	80 644 t	81 046 t	83 254 t
Wertstoffe (Papier, Glas, Metalle)	25 125 t	27 260 t	30 568 t
hausmüllähnlicher Gewerbemüll	19 974 t	26 355 t	32 420 t

Dazu kommen jährlich 160 000 t Bauschutt...

...und 45 000 t Klärschlamm und Reststoffe aus der Abwasserreinigung, Straßenkehricht...

Berechne für 1988, 1990 und 1992 die Gesamtmenge an Hausmüll, Wertstoffen und Gewerbemüll. Vergleiche! Welche Menge vermutest du für die nächsten Jahre? Welches Müllaufkommen gibt es in eurem Ort?

2

Jeder Einwohner verursacht täglich ungefähr 1 kg Müll!

Wieviel kg Müll verursacht ein Einwohner im Jahr?
Großvater ist 68 Jahre alt. Wieviel Müll hat er in seinem Leben verursacht?
Wie ist es mit dir?

3 Ein Müllwagen faßt ungefähr 20 t Müll. Wie viele Fuhren sind im Jahr im Kreis Bergheim nötig? (Rechne mit gerundeten Zahlen.)
Der Kreis hat 25 Müllfahrzeuge. Wie viele Fuhren muß jedes Fahrzeug jährlich fahren?

4

120-l-Behälter 31,80 DM/Mon.

80-l-Behälter 21,50 DM/Mon.

Die Müllgebühren gelten bei wöchentlicher Abfuhr. Wieviel ist im Jahr an Gebühr zu zahlen?
Bei 14tägiger Abfuhr verbilligen sich die Müllgebühren:
   80-l-Tonne: 14,40 DM monatl.
   120-l-Tonne: 21,10 DM monatl.
Wieviel Geld kann man im Jahr sparen?
Wie hoch sind die Gebühren bei euch?

5 In 100 kg Hausmüll sind diese Anteile enthalten:
   43 kg Küchen- und Gartenabfälle
    2 kg Textilien
    6 kg Glas
    7 kg Metalle
    8 kg Kunststoffe
   16 kg Papier und Pappe
   18 kg Reststoffe und Schadstoffe
Zeichne ein Säulendiagramm, nimm 2 mm für 1 kg.

Wieviel Müll könnte man wohl vermeiden...?

Da ist eine Menge Müll, der wiederverwertet werden kann!

Knacknüsse

I

Carl Friedrich Gauß

Carl Friedrich Gauß lebte von 1777 bis 1855 und war ein berühmter Mathematiker.
Als er neun Jahre alt war, so erzählt man sich, soll er die Aufgabe erhalten haben, die Zahlen von 1 bis 100 zu addieren. Er verblüffte seinen Lehrer, als er nur wenige Minuten für die Lösung brauchte.

Aufgabe: $1 + 2 + 3 + 4 + 5 \ldots + 96 + 97 + 98 + 99 + 100 = \Box$

So könnte der Lösungsweg von Carl Friedrich Gauß ausgesehen haben:

1 + 99	1 + 100
2 + 98	2 + 99
3 + 97	3 + 98
…	…
49 + 51	50 + 51

Ich bilde aus den Zahlen Paare mit der Summe 100.

…und ich bilde Paare mit der Summe 101.

Zwei Zahlen bleiben übrig.

II

a) Versuche wie oben die Summe der Zahlen von 1 bis 20 zu berechnen.
b) Berechne die Summe der Zahlen von 1 bis 1000
c) Eine Turmuhr schlägt nur zur vollen Stunde:
  um 1 Uhr schlägt sie einmal, um 2 Uhr zweimal usw.
  Wie oft schlägt sie in 12 Stunden?
  Wie oft in 24 Stunden?

III

Es war einmal ein kluger Mann. Er erfand das Schachspiel und zeigte es seinem König. Dieser war ganz begeistert und sagte: „Kluger Mann, du hast einen Wunsch frei." Der Mann dachte eine Weile nach und sagte: „Gib mir für das erste Feld des Schachbrettes ein Reiskorn und für das zweite doppelt soviel wie für das erste. Für das dritte Feld möchte ich doppelt soviel wie für das zweite und so fort bis zum 64. Feld." „Du bist aber bescheiden", sagte der König.

Übrigens: 50 000 Reiskörner wiegen 1 kg.

Knacknüsse

A Wie viele Quadrate sind es?

B Mit diesen 12 Stäbchen lassen sich 4 Quadrate legen.

C 473, 165, 264, 693, 891, 352, 761
Welche dieser sieben Zahlen paßt nicht zu den übrigen und warum?

D 2 400 | 3 600 | 6 000 | 5 000 | 2 600 | 3 400

E Ein Knabe hat ebenso viele Brüder wie Schwestern. Jede Schwester hat aber nur halb so viele Schwestern wie Brüder. Wie viele Brüder und wie viele Schwestern sind es?

F Verschiebe 3 Plättchen so, daß dann die Spitze unten ist.

G Johann bekommt einen Tisch und einen Stuhl. Der Tisch kostet 200 Taler mehr als der Stuhl. Beide kosten zusammen 250 Taler. Wieviel Taler kostet der Stuhl?

H In einem Zauberglas sind Perlen. Sie verdoppeln sich in jeder Minute. Nach 2 Stunden ist das Glas voll. Nach wieviel Minuten ist es halb voll?

I 2 800 | 2 100 | 6 600 | 9 200

J Kannst du diese Figur zeichnen, ohne abzusetzen und ohne eine Linie doppelt zu ziehen?

K Eine Schnecke sitzt in 20 m Tiefe in einem ausgetrockneten Brunnen. Sie möchte wieder nach oben. Bei Tag kriecht sie an der Wand 4 m hoch, bei Nacht rutscht sie wieder 3 m zurück. Nach wieviel Tagen ist sie oben am Rand angelangt?

L Zeichne 4 Geraden ohne abzusetzen so, daß sie durch alle Punkte gehen.

Gerade

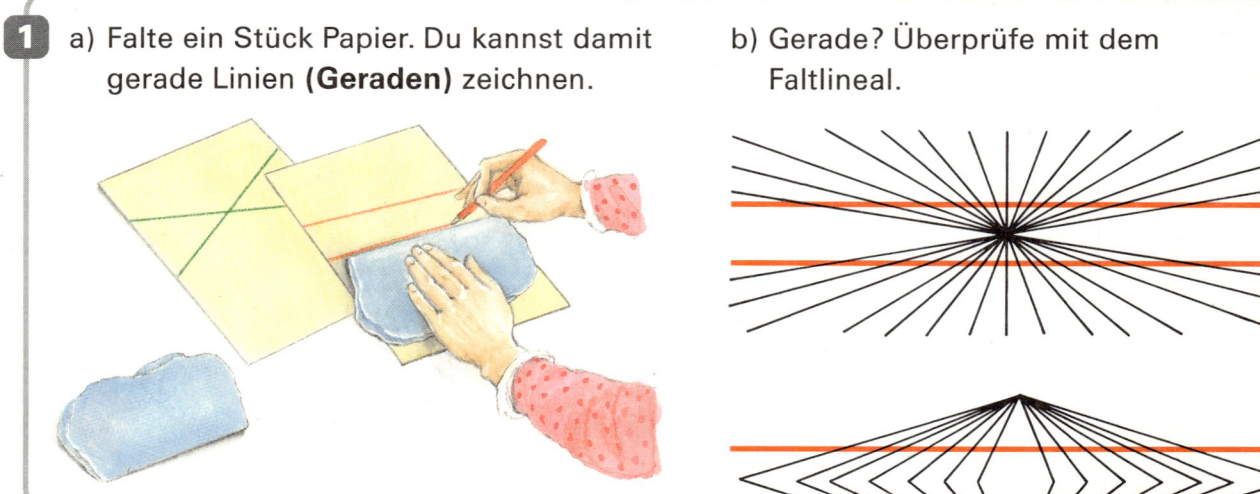

1 a) Falte ein Stück Papier. Du kannst damit gerade Linien (**Geraden**) zeichnen.

b) Gerade? Überprüfe mit dem Faltlineal.

Gerade – parallel

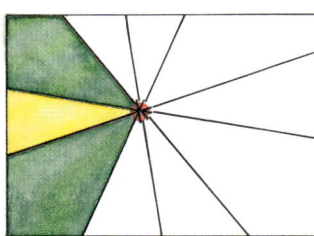

1
a) Zeichne 5 Geraden, die alle durch einen Punkt gehen. Wie viele Gebiete entstehen? Färbe die Nachbargebiete verschieden.
b) Zeichne 6 Geraden (7, 8 Geraden) durch einen Punkt.
c) Falte ein Blatt mehrmals, so daß solche geraden Faltlinien entstehen.

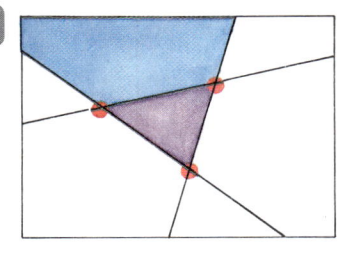

2
a) Zeichne auf deinem Blatt 3 Geraden so, daß 3 **Schnittpunkte** entstehen. Färbe mit möglichst wenig Farben.
b) Kannst du 3 Geraden so zeichnen, daß weniger Schnittpunkte entstehen?
c) Zeichne 4 Geraden (5 Geraden) mit möglichst vielen Schnittpunkten.

3
a) Falte ein rechteckiges Blatt mehrmals. Es entstehen als Faltlinien **parallele Geraden.**
b) Zeige an verschiedenen Gegenständen (Schrank, Tisch, …) Kanten, die parallel zueinander sind.

4
a) Stelle ein solches Muster durch Falten her. Zeichne parallele Geraden mit derselben Farbe nach.
b) Lege 3 Stäbe parallel zueinander.
c) Versuche, mit dem Lineal parallele Geraden zu zeichnen.

5 Zeichne auf Gitterpapier Muster aus parallelen Geraden.

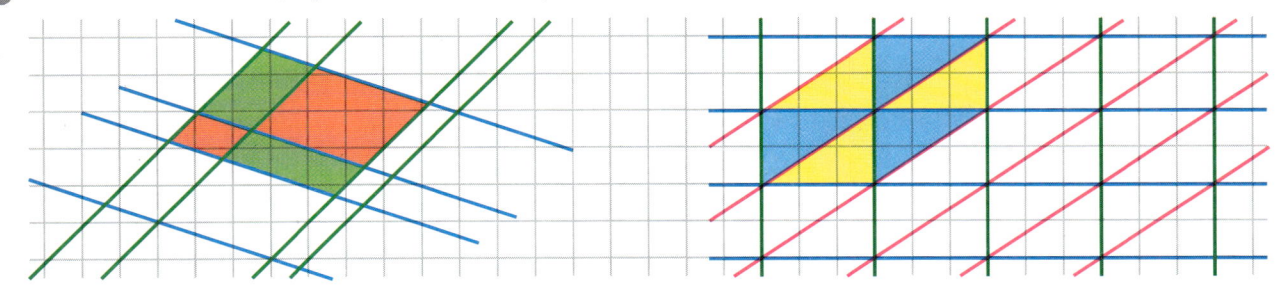

6 Bei einem Papierflieger-Wettbewerb blieb dieser Segler am längsten in der Luft.

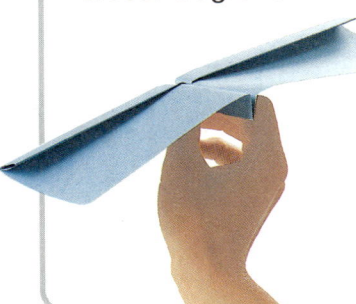

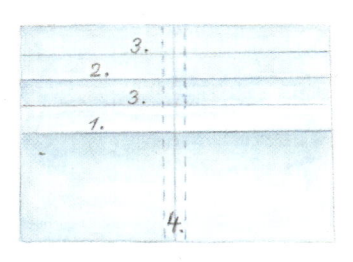

Bauplan
1. Blatt in der Mitte falten und aufklappen
2. Obere Hälfte zur Mitte falten
3. Den oberen Streifen nochmals zur Mitte falten, dann den doppelt gefalteten Streifen entlang der Mittellinie auf die untere Hälfte umlegen
4. Den Falz zum Anfassen knicken

Senkrecht

1 Falte ein Stück Papier zweimal. Zeichne die Faltlinien farbig nach. Die Geraden sind **senkrecht** zueinander.

2 Suche an verschiedenen Gegenständen solche Kanten, die senkrecht zueinander sind. Prüfe mit dem Faltwinkel nach.

3 Falte rechteckige Blätter so, daß die folgenden Muster entstehen:

a)    b)    c)

Erfinde noch weitere Muster.

4 Aus einem rechteckigen Blatt kannst du ein Quadrat herstellen, wenn du einmal faltest und schneidest. Falte dann die drei Muster.

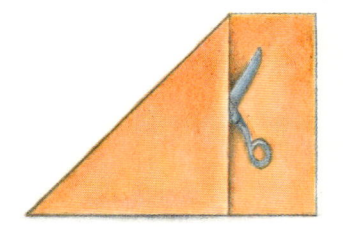

a)    b) 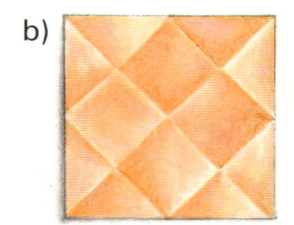   c)

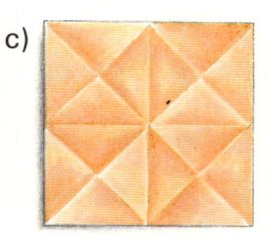

5 a) 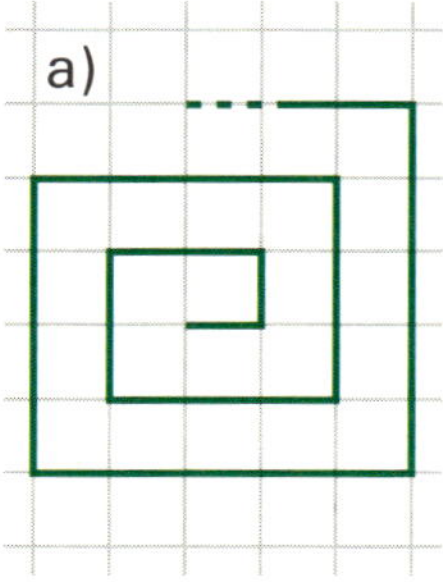   b) 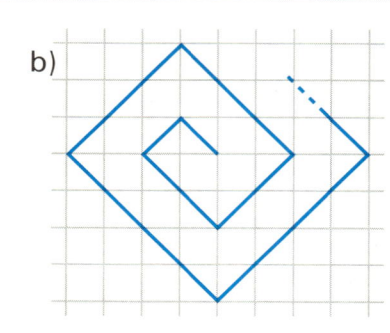   c) 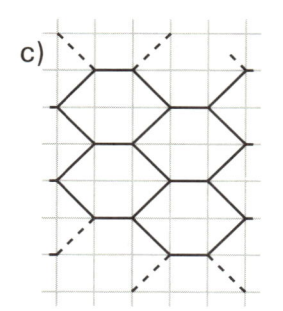   d)

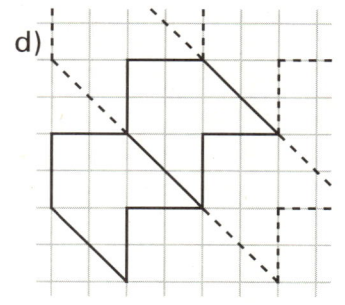

6 Zeichne die Figuren doppelt so groß ab. Zerschneide sie, und lege die Teile jeder Figur zu einem Quadrat zusammen.

a) 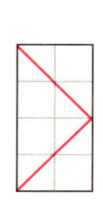   b) 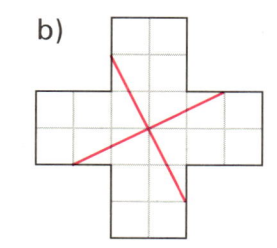   c)

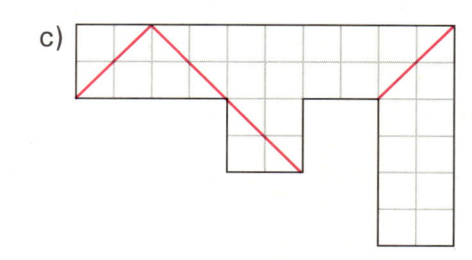

Geodreieck

1 *Ich mach' es so!* *So geht es besser!*

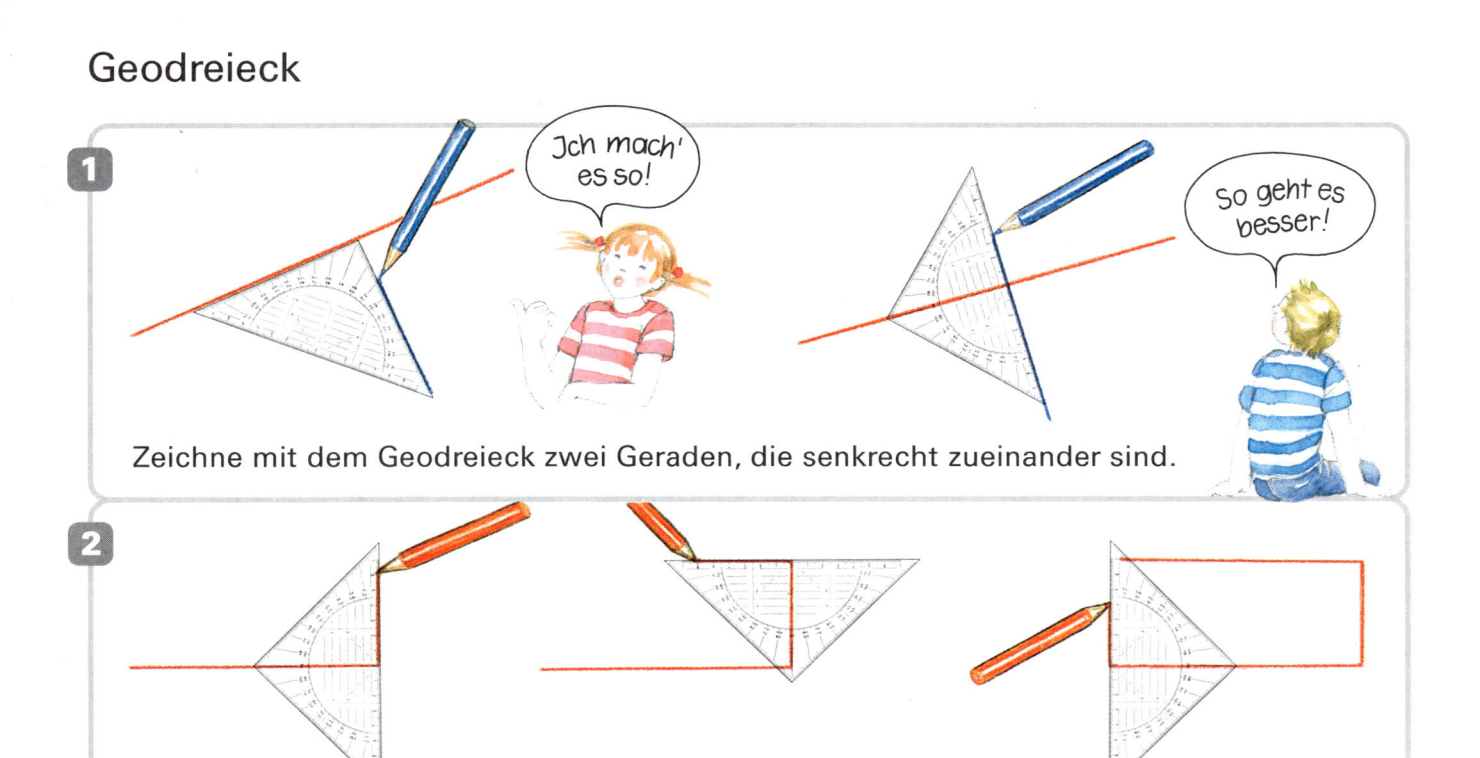

Zeichne mit dem Geodreieck zwei Geraden, die senkrecht zueinander sind.

2 Zeichne mit dem Geodreieck Rechtecke mit folgenden Seitenlängen:

a) 5 cm lang, 3 cm breit   b) 4 cm lang, 6 cm breit   c) 35 mm lang, 35 mm breit

3 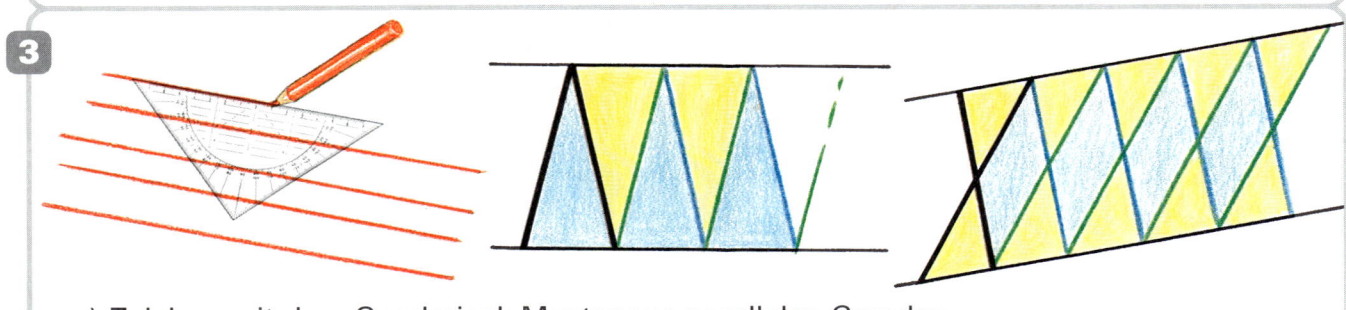
a) Zeichne mit dem Geodreieck Muster aus parallelen Geraden.
b) Zeichne parallele Geraden mit dem Abstand 1 cm (15 mm; 2 cm; 32 mm).

4 Zeichne solche Muster mit dem Geodreieck. Denke dir weitere Muster aus.

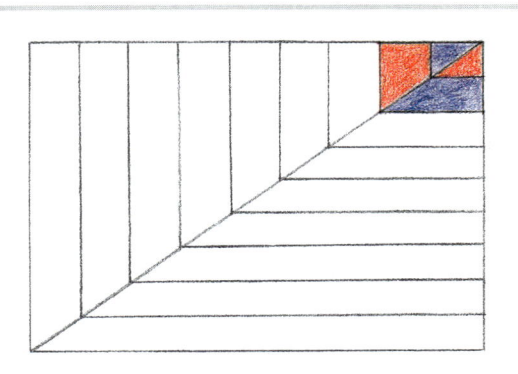

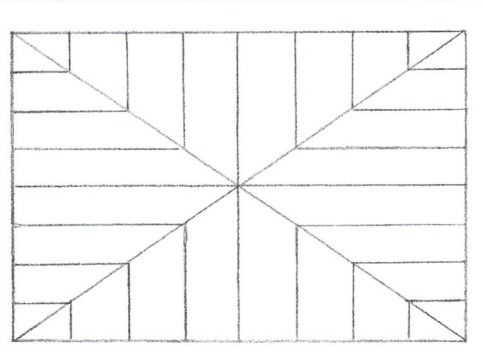

5 a) Sind die Linien parallel?   b) Sind das Quadrate?

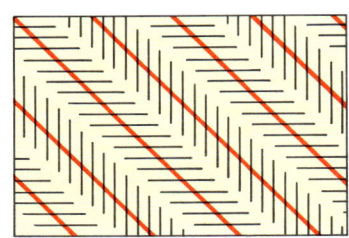

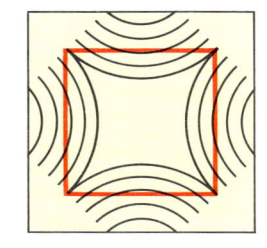

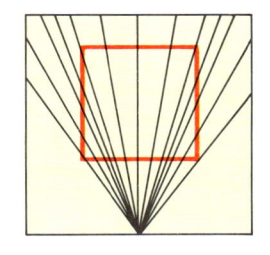

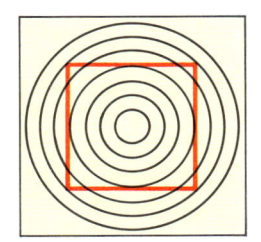

95

Flächen ausmessen

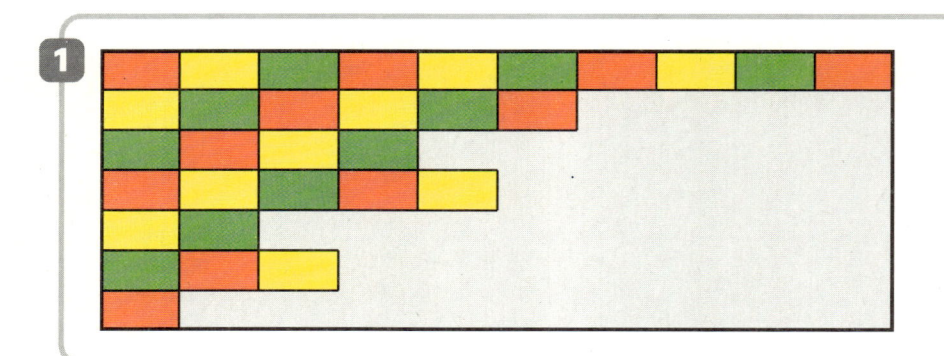

1 Wie viele rote, gelbe und grüne Platten fehlen noch, um das große Rechteck auszulegen?

2 Welche Fläche ist am größten? Schätze zuerst. Gib dann die Flächengrößen durch die Anzahl der Kästchen an.

3 a) Zeichne die 7 Figuren ab und schneide sie aus.
Du kannst die Figuren zu einem großen Quadrat zusammensetzen.
Wie groß ist die Fläche des Quadrates? Zähle dazu die Zentimeterquadrate!
Wie lang sind die Seiten des Quadrates?

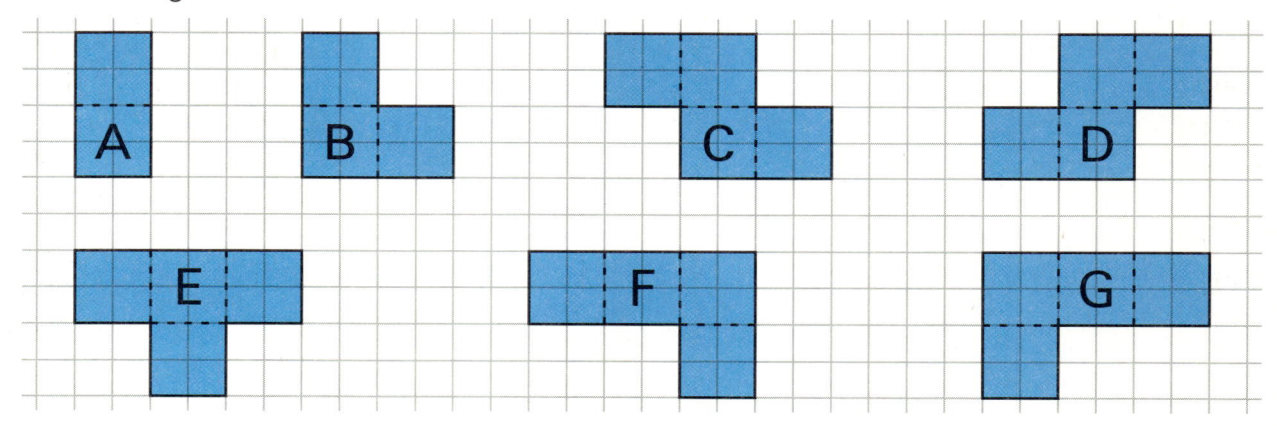

b) Suche 2 Teile aus, die du zu einem Rechteck zusammensetzen kannst.
Gib die Flächengröße und die Seitenlängen des Rechtecks an.

c) Lege ebenso Rechtecke aus 3 Teilen (4 Teilen, 5 Teilen, 6 Teilen).

4 Zeichne Rechtecke, und gib ihre Flächengröße durch die Anzahl der Zentimeterquadrate an. Lege eine Tabelle an.

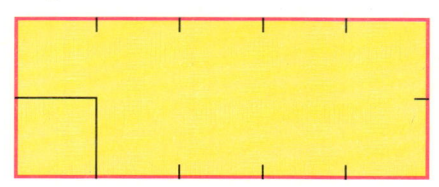

	Länge	Breite	Fläche
a)	5 cm	2 cm	
b)	6 cm	3 cm	
c)	3,5 cm	4 cm	
d)	6 cm	6 cm	
e)			15 Zentimeterquadrate
f)			24 Zentimeterquadrate

Fläche und Umfang

1 a) Lege die Figuren mit Stäbchen nach. Wie viele Stäbchen brauchst du für die einzelnen Figuren? Vergleiche auch die Größen der Flächen.

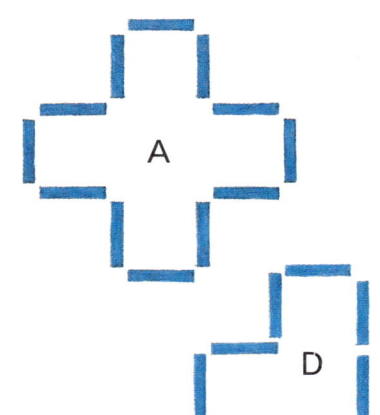

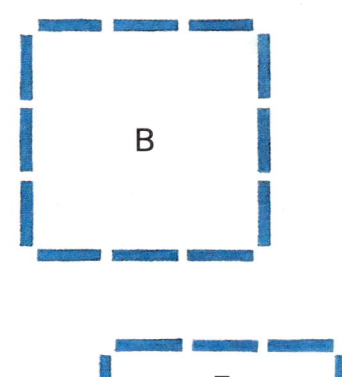

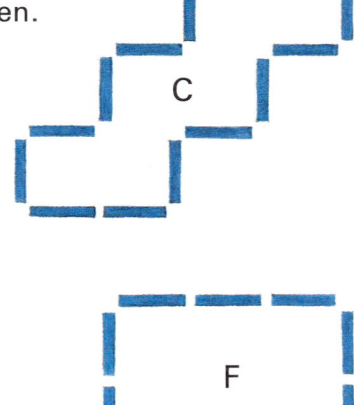

b) Die Länge der Umrandung einer Figur nennen wir den **Umfang** der Figur. Welche Figur hat den kleinsten Umfang? Welche hat den größten Umfang?

c) Lege eine Figur, deren Umfang 16 Stäbchen lang ist. Die Fläche soll möglichst groß (klein) sein.

2 Zeichne weitere Figuren mit derselben Flächengröße, aber einer anderen Form.

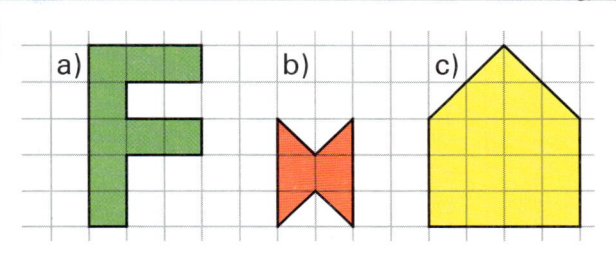

3 Wandle jede Figur in ein Quadrat mit derselben Flächengröße um.

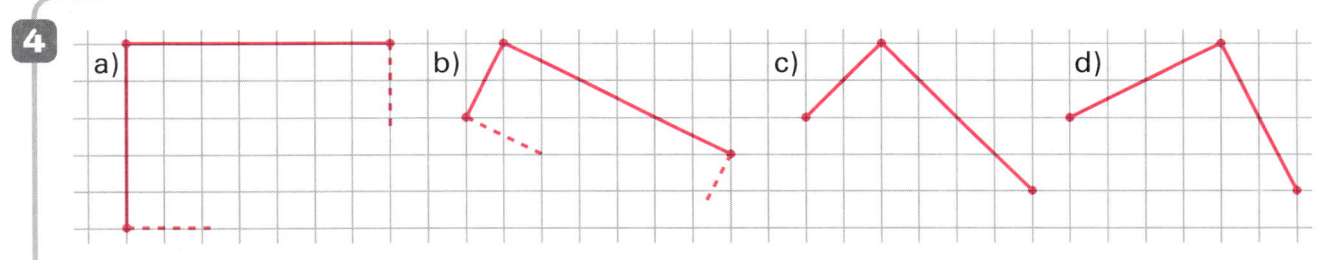

4 Suche jedesmal den vierten Eckpunkt, und zeichne das Rechteck in dein Heft. Miß die Seitenlängen. Wie groß ist der Umfang?

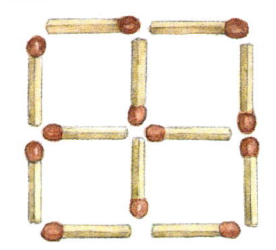

5 Die 12 Stäbchen bilden 5 Quadrate. Wie viele Quadrate kannst du mit 15 (20, 24) Stäbchen legen?

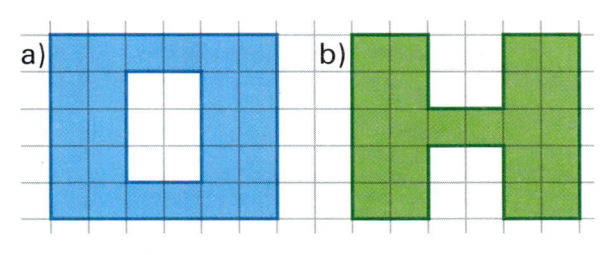

6 Wie groß sind Umfang und Fläche? Zeichne doppelt so groß in dein Heft und vergleiche.

Zeitpunkte und Zeitspannen

1 Als erste Frau segelte die Engländerin Naomi James in 272 Tagen allein um die Welt.

Der Franzose Victor Dumas brauchte 1 Jahr 5 Tage.

Der schnellste Alleinsegler war Francis Chichester, er brauchte nur 6 Monate 8 Tage für seine Weltumsegelung.

2 Jeder Monat hat vier Sonntage!

a) Stimmt das? Überprüfe in einem Jahreskalender.
b) Gib das Datum von jedem ersten Sonntag eines Monats an.
c) Schreibe alle Monate mit 31 Tagen auf.

3 Zeichne diese Tabelle ins Heft. Suche das jeweilige Datum im Kalender.

	1 Woche früher	3 Wochen später	2 Monate später	ein Vierteljahr früher	ein halbes Jahr später
6. April					
28. April					
19. Mai					
17. Juni					

4

a) Wie viele Stunden?	b) Wie viele Minuten?	c) Wie viele Sekunden?	d) Wie viele Minuten?	e) Wie viele Monate?	f) Wie viele Jahre?
180 min	120 s	3 min	$\frac{1}{4}$ h	$\frac{1}{2}$ Jahr	24 Monate
240 min	300 s	$\frac{1}{2}$ min	6 h	4 Jahre	60 Monate
90 min	90 s	4 min	2 h 25 min	$2\frac{1}{2}$ Jahre	18 Monate
210 min	150 s	15 min	3 h 52 min	11 Jahre	30 Monate
300 min	240 s	20 min	5 h 8 min	15 Jahre	48 Monate

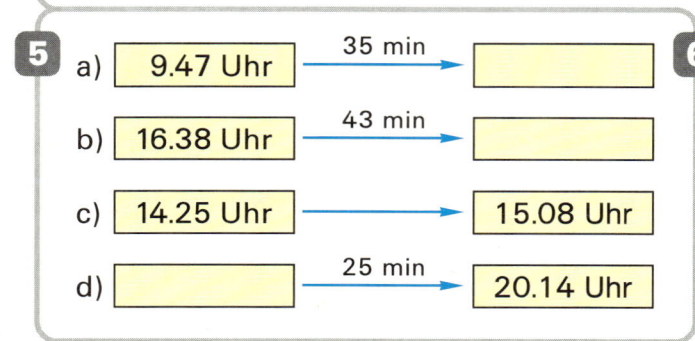

5
a) 9.47 Uhr → 35 min → ☐
b) 16.38 Uhr → 43 min → ☐
c) 14.25 Uhr → → 15.08 Uhr
d) ☐ → 25 min → 20.14 Uhr

6 Der Sieger eines Marathonlaufs hat 2 h 48 min 52 s gebraucht. Der zweite lag 46 s zurück. Der letzte kam 34 min 25 s nach dem Sieger ins Ziel.
Welche Zeit brauchten jeweils der zweite und der letzte?

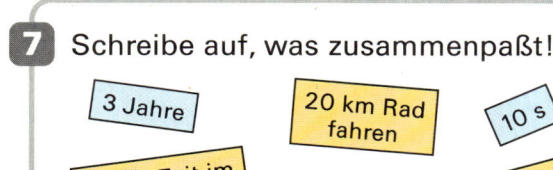

7 Schreibe auf, was zusammenpaßt!

3 Jahre — 20 km Rad fahren — 20 min — 10 s — So alt kann eine Schildkröte werden — Eier kochen — 150 Jahre — Peters Zeit im 50-m-Lauf — 5 min — Einen Kilometer wandern — 70 Tage — So alt wird eine Fliege — 1 h — So alt wird ein Hamster

Zeitpunkte und Zeitspannen

1 Martin erzählt: „Am Sonntag war ich beim Fußballspiel. Um 14.15 Uhr bin ich losgegangen. Der Bus zum Stadion ist 14.25 Uhr abgefahren, und nach einer halben Stunde war ich im Stadion. Das Spiel begann um 15.30 Uhr. Die Halbzeitpause dauerte 15 Minuten. Um 18 Uhr war ich wieder zu Hause."

a) Trage die Angaben in ein Pfeilbild ein. Unterscheide:

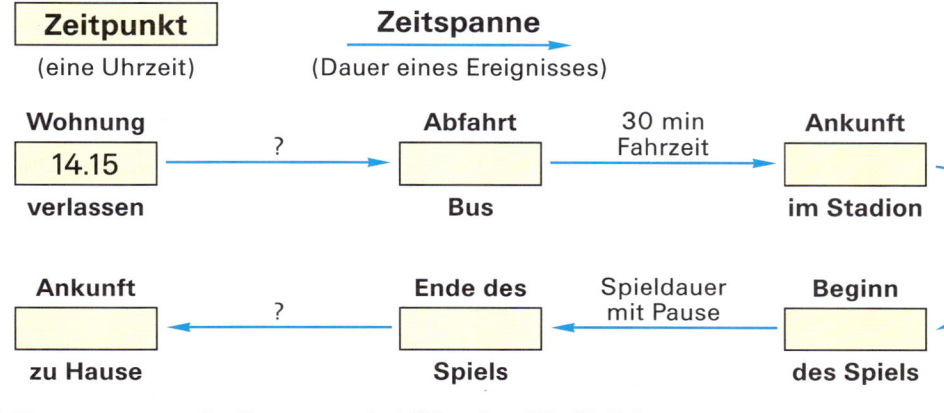

Zeitpunkt (eine Uhrzeit) → **Zeitspanne** (Dauer eines Ereignisses)

Wohnung [14.15] verlassen — ? → Abfahrt [ ] Bus — 30 min Fahrzeit → Ankunft [ ] im Stadion → Wartezeit → Beginn [ ] des Spiels — Spieldauer mit Pause → Ende des [ ] Spiels — ? → Ankunft [ ] zu Hause

b) Beantworte die Fragen mit Hilfe des Pfeilbildes:
Wann war Martin im Stadion?
Wie lange hat er im Stadion auf den Spielbeginn gewartet?
Wann war das Spiel beendet?
Wie lange hat Martin für den Weg nach Hause gebraucht?

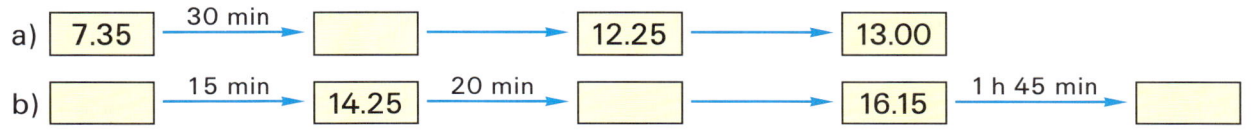

2 Bestimme die fehlenden Zeitpunkte und Zeitspannen:

a) [7.35] —30 min→ [ ] —→ [12.25] —→ [13.00]

b) [ ] —15 min→ [14.25] —20 min→ [ ] —→ [16.15] —1 h 45 min→ [ ]

c) Denke dir Rechengeschichten zu den Pfeilbildern aus.
d) Stelle ein Pfeilbild für deinen Schulvormittag her.

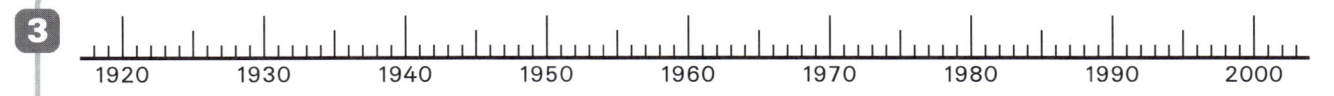

3

1920 1930 1940 1950 1960 1970 1980 1990 2000

Suche das Jahr auf der Zeitleiste. Wieviel Jahre sind seitdem vergangen?

a) 1954: Deutschland wird erstmals Fußballweltmeister.
1957: Der erste Erdsatellit wird gestartet.
1969: Der erste Mensch betritt den Mond.

b) Mutters Geburtsjahr
Vaters Geburtsjahr
Omas Geburtsjahr

4 a) „Ich bin am 7.9.84 geboren. Wie alt bin ich am 1.1.2000?"

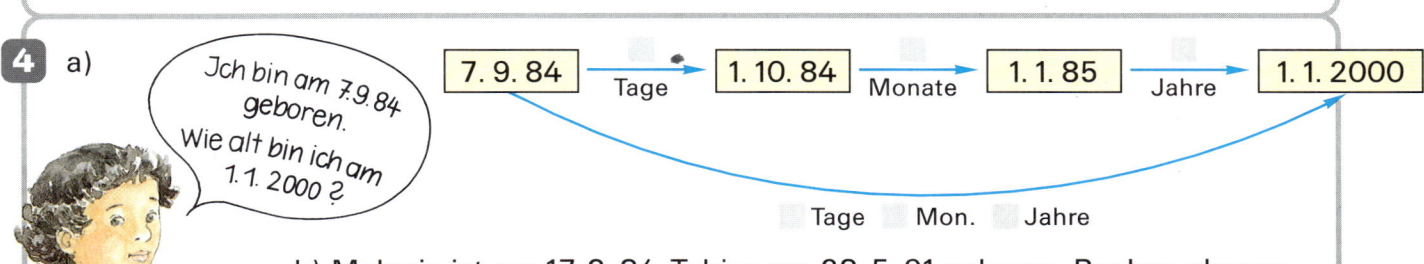

[7.9.84] —Tage→ [1.10.84] —Monate→ [1.1.85] —Jahre→ [1.1.2000]

☐ Tage ☐ Mon. ☐ Jahre

b) Melanie ist am 17.3.84, Tobias am 28.5.91 geboren. Rechne ebenso.
c) Rechne aus, wie alt du heute bist.

Fahrplan

Abfahrt DB **Münster (Westf)**

Zeit	Zug	Richtung	Gleis
12.00			
12.05	IC 601 *Diplomat*	Dortmund 12.33 – Essen 12.58 – Düsseldorf 13.26 – Köln 13.50 – Bonn 14.11 – Koblenz 14.45 – Wiesbaden 15.41 – **Frankfurt 16.11**	9
12.10	E 3253	Rheine 12.37 – Leer 14.19 – **Oldenburg 15.20**	12
✗ 12.11	E 3250	Recklinghausen 12.45 – **Essen 13.11**	8
12.30	7242	**Hamm 13.01**	3
✗ 12.31	8614	Recklinghausen 13.18 – **Essen 13.51**	8
✗ 12.32	7120	Lünen 13.08 – **Dortmund 13.26**	17
✗ 12.38	7241	**Rheine 13.10**	12
12.46	D 2538	Hamm 13.06 – Dortmund 13.25 – Essen 13.51 – Duisburg 14.06 – Mönchengladbach 14.45 – **Aachen 15.40**	3
✗ 12.49	E 3572 / E 7316	Coesfeld 13.29 – Dorsten 14.14 – Oberhausen 14.50 – **Duisburg 14.59**	2a
12.57	IC 131 *Merkur*	Osnabrück 13.19 – Bremen 14.11 – Hamburg Hbf 15.06 – Lübeck 16.11 – Puttgarden 17.11 – **Kopenhagen 20.45**	12
13.00			
13.03	D 2944	**Rheine 13.30**	4
13.05	IC 603 *Patrizier*	Dortmund 13.33 – Essen 13.58 – Düsseldorf 14.26 – Köln 14.50 – Bonn 15.11 – Koblenz 15.45 – Wiesbaden 16.41 – **Frankfurt 17.11**	9
13.11	D 2734	Recklinghausen 13.45 – Gelsenkirchen 14.00 – Oberhausen 14.16 – Düsseldorf 14.43 – Neuss 14.56 – **Köln 15.22**	8
13.21	D 817	Hamm 13.40 – Hagen 14.14 – Siegen-Weidenau 15.43 – **Gießen 16.31 – Frankfurt 17.16**	2
13.23	3255	Rheine 13.57 – Leer 15.28 – Emden 15.47 – **Norddeich Mole 16.29**	9
13.23	7122	Lünen 14.02 – **Dortmund 14.19**	12
✗ 13.27	7248	**Hamm 13.58**	3
13.30	7552	Recklinghausen 14.17 – **Essen 14.51**	17a
13.46	D 732	Hamm 14.06 – Hagen 14.45 – W-Elberfeld 15.07 – **Köln 15.43**	2a

1 a) Welche Züge fahren von Münster nach Dortmund? Lege eine Tabelle an:

Zugnummer	Abfahrt	Gleis	Ankunft
IC 601	12.05	9	...

b) Suche die Züge nach Köln heraus. Schreibe wie oben.

2 Herr Wagner möchte mittags mit dem Zug nach Rheine fahren.

a) Welche Züge kann er wählen?
b) Wann käme er jeweils in Rheine an?

12.10 → ☐ min → 12.37

3 a) Frau Berger aus Münster trifft um 15.06 Uhr in Hamburg ein. Wann ist sie in Münster abgefahren?
b) Wann sind diese Reisenden in Münster abgefahren?
Herr Noll trifft um 15.47 Uhr in Emden ein. Familie Jahn kommt um 14.43 Uhr in Düsseldorf an. Frau Kraft steigt um 15.40 Uhr in Aachen aus.

4 Frau Zeller hat sich im Reisebüro aufgeschrieben: **D 817 Gießen**

a) Auf welchem Gleis fährt ihr Zug ab?
b) Wann trifft ihr Zug in Gießen ein?

5 Dies ist ein Busfahrplan:

28 Bahnhof – Moorwegsiedlung

Haltestellen	montags bis freitags									
Bahnhof ab	5⁵⁸	7¹³	7²³	7⁴³	8⁴³	16⁴³	18²⁸	18⁴⁴	20⁰⁴	21⁴⁴
Marktplatz	5⁵⁹	7¹⁴	7²⁴	7⁴⁴	8⁴⁴	16⁴⁴	18²⁹	18⁴⁵	20⁰⁵	21⁴⁵
Mühlstraße	6⁰⁰	7¹⁵	7²⁵	7⁴⁵	8⁴⁵	16⁴⁵	18³⁰	18⁴⁶	20⁰⁶	21⁴⁶
Talstraße	6⁰¹	7¹⁶	7²⁶	7⁴⁶	8⁴⁶	16⁴⁶	18³¹	18⁴⁷	20⁰⁷	21⁴⁷
Schillerplatz	6⁰²	7¹⁷ alle	7²⁷	7⁴⁷ alle	8⁴⁷ alle	16⁴⁷ alle	18³²	18⁴⁸ alle	20⁰⁸	21⁴⁸
Blumenweg	6⁰⁴ 15	7¹⁹	7²⁹ 15	7⁴⁹ 30	8⁴⁹ 15	16⁴⁹ 15	18³⁴	18⁵⁰ 20	20¹⁰	21⁵⁰
Hauptstraße	6⁰⁵ Min	7²⁰	7³⁰ Min	7⁵⁰ Min	8⁵⁰ Min	16⁵⁰ Min	18³⁵	18⁵¹ Min	20¹¹	21⁵¹
Einsteinstraße	6⁰⁶	7²¹	7³¹	7⁵¹	8⁵¹	16⁵¹	18³⁶	18⁵²	20¹²	21⁵²
Münsterplatz	6⁰⁷	7²²	7³²	7⁵²	8⁵²	16⁵²	18³⁷	18⁵³	20¹³	21⁵³
Moorweg an	6⁰⁸	7²³	7³³	7⁵³	8⁵³	16⁵³	18³⁸	18⁵⁴	20¹⁴	21⁵⁴

a) Birgit kommt um 15.10 Uhr zur Haltestelle Talstraße. Wann fährt der nächste Bus?
b) Notiere für die Haltestelle Schillerplatz alle Fahrzeiten von 6.02 Uhr bis 21.48 Uhr.

6 Frau Hartmann trifft auf ihrem Heimweg um 19.10 Uhr am Bahnhof ein.

a) Wie lange muß sie auf den nächsten Bus in die Moorwegsiedlung warten?
b) Sie fährt bis zur Haltestelle Münsterplatz. Wann ist sie dort?
c) Ist sie früher zu Hause, wenn sie 15 min früher am Bahnhof eintrifft?

Fahrzeiten

1 a) Von Münster nach Essen kann man mit einem Nahverkehrszug, einem Eilzug, einem D-Zug oder dem Intercity-Zug fahren.
Suche aus dem Fahrplan von Seite 100 verschiedene Züge heraus und vergleiche die Fahrzeiten.
Schreibe so:
Intercity 601

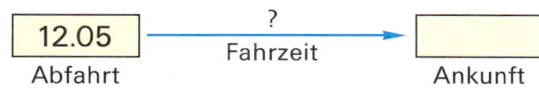

12.05	—?→	
Abfahrt	Fahrzeit	Ankunft

b) Vergleiche ebenso die Fahrzeiten der Züge nach Hamm.

2 a) Frau Keller besteigt um 13.05 Uhr den Intercity Richtung Frankfurt.
Nach 2 h 6 min kommt sie an ihrem Ziel an. Wo steigt sie aus?
Zeichne ein Pfeilbild:

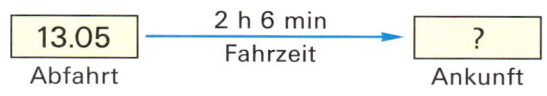

13.05	—2 h 6 min→	?
Abfahrt	Fahrzeit	Ankunft

b) Herr Menke fuhr um 12.49 Uhr in Münster ab. Nach einer Fahrzeit von 1 h 25 min kam er an seinem Ziel an. Wo stieg er aus?

c) Frau Enkel fuhr um 13.30 Uhr ab. Wo kam sie nach 47 min Fahrzeit an?

3 a) Zeichne für den Intercity „Diplomat" ein Pfeilbild. Berechne die Fahrzeiten:

12.05	—28 min→	12.33	—?→	12.58	—?→		—?→
Münster		Dortmund		Essen		Düsseldorf	

b) Zeichne Pfeilbilder für den IC „Merkur" und den IC „Patrizier". Berechne die Fahrzeiten.

4 a) Herr Klein kommt mit dem D 2538 um 14.45 Uhr in Mönchengladbach an. Er war 1 h 20 min unterwegs. Wo ist er zugestiegen? Zeichne ein Pfeilbild:

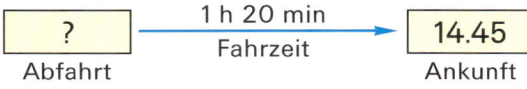

?	—1 h 20 min→	14.45
Abfahrt	Fahrzeit	Ankunft

b) Frau Weber steigt um 14.56 Uhr in Neuss aus dem D 2734. Ihre Fahrt hat 1 h 11 min gedauert. Wo ist sie zugestiegen?

5 *Jetzt ist es schon 11.50 Uhr, und unser Zug nach Rheine fährt um 12.10 Uhr!*

Der Bus braucht noch 20 Minuten bis zum Bahnhof!

a) Kann der Zug erreicht werden?
b) Wie lange müssen sie warten, wenn dieser Zug verpaßt wird?

6 *Um 12.33 Uhr sind wir in Dortmund. Wir haben 3 Minuten Zeit zum Umsteigen.*

In Hannover kommen wir um 14.22 Uhr an, wir haben dort 16 Minuten zum Umsteigen. Um 19.33 Uhr sind wir in Leipzig.

a) Zeichne ein Pfeilbild und berechne alle Zeitangaben:

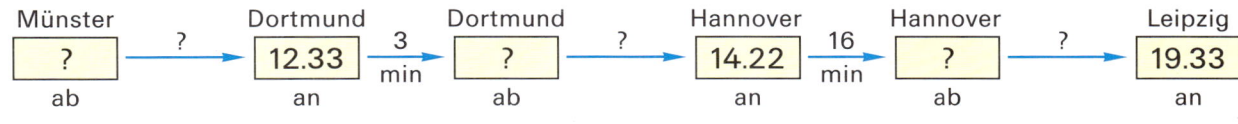

Münster		Dortmund		Dortmund		Hannover		Hannover		Leipzig
?	—?→	12.33	—3 min→	?	—?→	14.22	—16 min→	?	—?→	19.33
ab		an		ab		an		ab		an

b) Wann ist Familie Möller in Münster abgefahren? (Sieh im Fahrplan S. 100 nach.)
c) Wie lange fährt der Zug von Hannover bis Leipzig?
d) Wie lange ist Familie Möller insgesamt unterwegs?

Ferien und Urlaub

Insel Rügen

Feriendorf am Wieker Bodden
Bungalows für 4 Pers. in ruhiger Lage, nur 300 m zur nächsten Badestelle. Vor den Bungalows gemütlicher Sitzplatz mit Campingmöbeln. Energiepauschale pro Woche 30 DM, Endreinigung 30 DM, Haustier 30 DM/Woche. Wochenpreise von **460 DM** (Vorsaison) bis **615 DM** (Hauptsaison)

Ich will in den Ferien baden – aber im Meer!

HOTEL Nordsee-Strand

Eines der schönstgelegenen Hotels auf herrlichem Naturgrundstück, direkt am Strand in ruhiger Lage. Alle Doppelzimmer mit Dusche/WC, eigener Wohnungstür und Terrasse.
Übernachtung mit Frühstück ab DM **55,–**/Tag
Halbpension ab DM **75,–**/Tag
Wir vermieten auch Ferienwohnungen
4–6 Personen ab DM **525,–** bis **995,–**/Woche

Rimini Italien

1 Woche Vollpension
pro Person
mit dem Auto ab DM **479,–**
mit der Bahn ab DM **664,–**

Ibiza SPANIEN

2 Wochen Flug
Frühstück ab DM **1199.-**

Allgäu

Pensionen
Geschmackvoll eingerichtete Häuser in freundlichen kleinen Urlaubsorten, zum Teil mit viel Komfort. Kinderfreundlich. Familiär.
1 Woche ÜF DM **264,–**

Gasthöfe/Hotels
Rustikal oder modern eingerichtete Häuser bis hin zum Burghotel. Viele mit eigenem Schwimmbad, Solarium und Sauna. Fernsehzimmer.
1 Woche ÜF DM **296,–**

Feriendorf SAUERLAND

Komfortable Ferienhäuser für 4–6 Personen, Wohnraum mit Eßecke, Küche, Dusche/WC, im OG 2 Schlafzimmer.
Am Ort zu zahlen: Strom, Gas nach Verbrauch, Wasser pro Tag 5 DM, Endreinigung 50 DM. Bettwäsche Leihgebühr 20 DM pro Aufenthalt. 1 Haustier DM 7 pro Tag.

Vorsaison: Typ 4 Pers.: nur **433 DM** pro Woche
Typ 6 Pers.: nur **493 DM** pro Woche
Hauptsaison: 4 Pers./**680 DM** – 6 Pers./**790 DM**

Ich möchte wandern... und reiten...

Ich möchte Sonne... am besten ans Mittelmeer: Italien oder Spanien!

Niedersachsen

Ferien auf dem Bauernhof Woche **132,–** ÜF

Wir sollten mit 4000 DM auskommen!

Bitte nicht mit dem Auto... mit dem Flugzeug wäre toll...

Insel Korsika – Sonneninsel im Mittelmeer
Hotel Balanea · Bad; oder Bad und Meerblick
Flug von Düsseldorf; 1 Woche
Übern./Frühstück
pro Person ab DM ~~1244~~ **874**

Plant einen Urlaub für diese Familie von eurem Wohnort aus. Entscheidet euch für Urlaubsziel, Dauer und Beförderungsart. Überlegt, welche zusätzlichen Kosten entstehen.

Dazu müßt ihr wissen:
- Die Preise gelten immer für eine Person, außer bei Ferienwohnungen, Ferienhäusern und Bungalows.
- Für Kinder unter 12 Jahren gibt es meistens eine Ermäßigung um ein Viertel des genannten Preises.
- Bei einer Flugreise muß die Anfahrt zum Flughafen berücksichtigt werden. Urlaubsflüge gehen meistens ab Berlin, Düsseldorf, Frankfurt, Hamburg, Hannover, München oder Stuttgart.
- Für eine Autoreise kann man ungefähr einen Benzinverbrauch von 10 l auf 100 km Fahrstrecke annehmen.

Ferien und Urlaub

1

Bei uns im Reisebüro wurden 7 Bahnreisen und 12 Autoreisen nach Rimini gebucht!

Wir haben für 5 Personen 3 Wochen auf dem Bauernhof gebucht!

Unsere Familie plant für die Sommerferien 4 Wochen Urlaub auf der Ostseeinsel Rügen!

Und ich bin dabei!

2 Frau Böddener hat sich für einen dreiwöchigen Urlaub im Hotel Nordsee-Strand entschieden.
Sie bucht für ihren Mann und sich ein Doppelzimmer mit Halbpension.

3 Familie Berger (3 Personen) hat für 3 Wochen Urlaub im Hotel 4 122 DM bezahlt.
Berechne den Wochenpreis für eine Person.   **Pz 17**

4 Familie Baumert (4 Personen) hat einen vierwöchigen Hotelurlaub im Allgäu verbracht.
Herr Baumert hat sorgfältig alle Nebenkosten aufgeschrieben:
Berechne die Gesamtkosten.   **Pz 16**

Benzinkosten für das Auto	478 DM
Museum, Schwimmbad, Kino	94 DM
Leih-Fahrräder	148 DM
Reiten	160 DM
Filme, Fotos	57 DM
Verpflegung, Sonstiges	2 830 DM

5 Familie Weber (3 Personen) hat eine einwöchige Flugreise nach Korsika noch zum alten Preis gebucht.
Wieviel hätte man nach der Preisermäßigung sparen können?   **Pz 3**

6 Bei der Flugreise nach Ibiza kostet jede Woche Verlängerung 468 DM pro Person. Frau Walter bucht für ihre Familie (3 Personen) einen dreiwöchigen Urlaub.   **Pz 6**

7 Familie Kraus plant den Urlaub:

a) Vergleiche die Kosten mit dem Hotel Nordsee-Strand.
b) Vergleiche die Kosten mit dem Preis für eine Ferienwohnung.
c) Überlege dir Vor- und Nachteile für jede Urlaubsform.

Laß uns doch an der Nordsee drei Wochen Camping-Urlaub machen!

Toll!

Da müssen wir drei mit etwa 90 DM für Platzgebühren und Verpflegung pro Tag rechnen!

8 Familie Gerber hat im vergangenen Jahr für einen Italienurlaub 4 200 DM bezahlt. In diesem Jahr wird ein dreiwöchiger Campingurlaub geplant. Herr Gerber macht einen Kostenüberschlag:
Fahrkosten mit dem Auto   450 DM
Platzgebühren je Tag   36 DM
Verpflegung, Sonstiges   1 000 DM

9 Familie Körber hat für 4 Wochen ein Ferienhaus in Schweden (495 DM pro Woche) gemietet. Frau Körber macht einen Kostenüberschlag:
Benzin   300 DM
Fähre   460 DM
Verpflegung   1 500 DM
Sie will mit 3 500 DM auskommen.

Maßstab

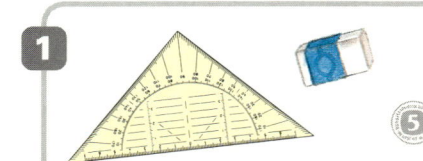

1 Diese Gegenstände sind im Maßstab 1:5 („eins zu fünf") abgebildet.
Wie lang (breit) sind die Gegenstände in Wirklichkeit?

> Maßstab 1:5 heißt:
> 1 cm in der Zeichnung sind 5 cm in der Wirklichkeit.

2
a) In welchem Maßstab ist das Lineal abgebildet?
b) Die Luftpumpe ist in Wirklichkeit 36 cm lang.

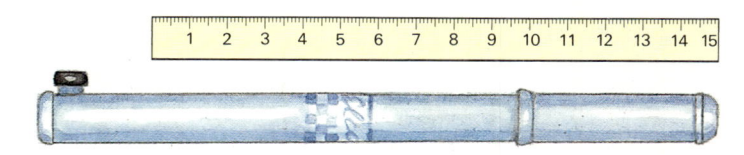

3
a) Zeichne das Rechteck im Maßstab 1:2.
b) Zeichne es auch im Maßstab 1:4 und im Maßstab 1:8.
c) Zeichne nun im Maßstab 1:10 die Fläche deines Schultisches und darauf dein Rechenbuch, ebenfalls im Maßstab 1:10.

4 Kerstin hat den Grundriß ihres Zimmers im Maßstab 1:100 gezeichnet.
a) Wie lang ist eine Strecke in Wirklichkeit, die in der Zeichnung 1 cm lang ist?
b) Wie lang und breit ist das Zimmer in Wirklichkeit?
c) Welche Maße für das Fenster, die Tür und die Möbel kannst du angeben?
d) Zeichne den Grundriß eines Zimmers (z. B. den Klassenraum) im Maßstab 1:100.

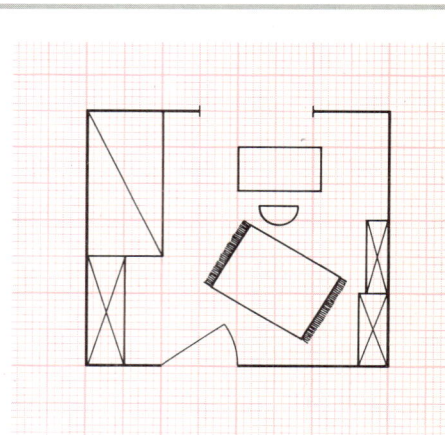

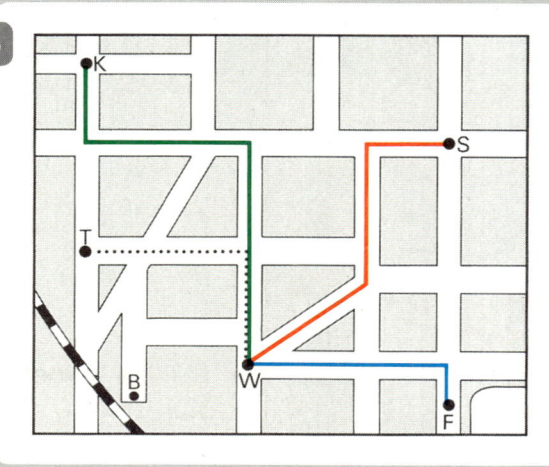

5 Der Stadtplan ist im Maßstab 1:10 000 gezeichnet.
a) Wie lang ist eine 1 cm (1 mm) lange Strecke auf der Karte in Wirklichkeit?
b) Kerstin hat einige Wege farbig markiert. Wie lang ist ihr Weg von der Wohnung (W) zur Schule (S)?
Von der Wohnung zur Turnhalle (T)?
Zur Kaufhalle (K)?
Zum Fußballstadion (F)?

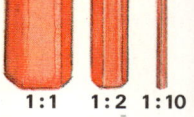

1:1   1:2   1:10

104

Bodensee

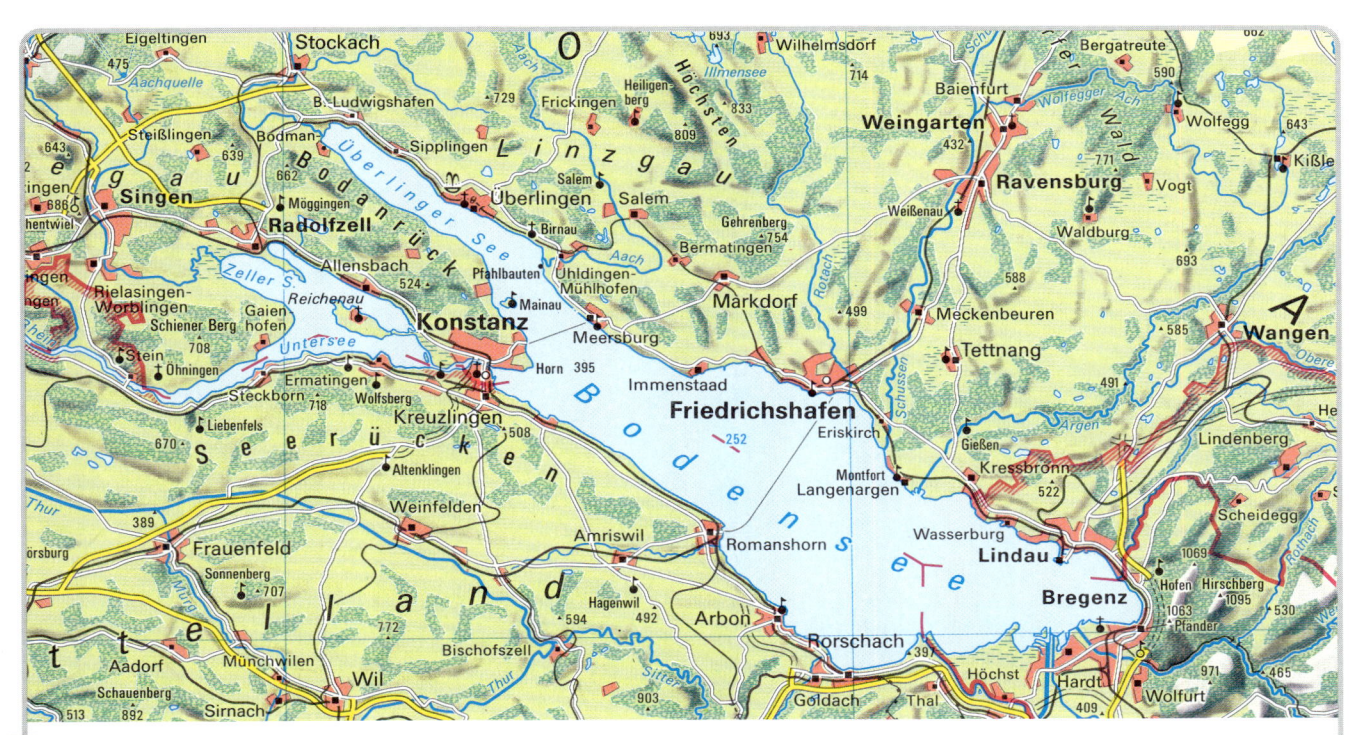

1 Miß auf der Karte und berechne dann die Entfernungen

a) von Meersburg nach Konstanz,
b) von Friedrichshafen nach Romanshorn,
c) von Konstanz nach Lindau.
d) Miß auch noch andere Strecken.

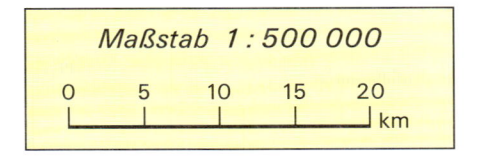

Maßstab 1 : 500 000

0 — 5 — 10 — 15 — 20 km

2 Der Bodensee ist ungefähr 60 km lang und 15 km breit. Prüfe nach!
Vergleiche mit Entfernungen von deinem Wohnort aus.

3 Die größte Wassertiefe des Bodensees ist 252 m.
Vergleiche mit Höhen von Gebäuden aus deinem Wohnort.

4

Fähre Meersburg – Konstanz

Meersburg ab	10.45	11.00	11.15
Konstanz an	11.00	11.15	11.30

Preise für einfache Fahrt:
Erwachsene   2,00 DM
Kinder bis 15 J. 1,00 DM
Pkw (mit Fahrer) 11,00 DM

Am See entlang sind es von Meersburg nach Konstanz (über Radolfzell) ungefähr 75 km.

Bei der Fahrt mit dem Auto auf der Landstraße muß man für 50 km etwa mit einer Stunde Fahrzeit und 5 Liter Benzinverbrauch rechnen.

Fähre Friedrichshafen – Romanshorn

Friedrichsh. ab	9.43	10.43	11.43
Romanshorn an	10.24	11.24	12.24

Preise für einfache Fahrt:
Erwachsene   6,80 DM
Kinder bis 15 J. 3,40 DM
Pkw (mit Fahrer) 23,00 DM

„Wir haben mit dem Auto eine Rundfahrt gemacht!"

„Von Friedrichshafen über Meersburg..."

„...mit der Fähre nach Konstanz..."

„...und über Romanshorn mit der Fähre zurück!"

Denke dir Aufgaben aus und rechne. Nimm dabei auch die Karte zu Hilfe.

Teiler und Vielfache

1 *Ich und du, Mül-lers Kuh, Mül-lers Esel, der bist du!* Der Abzählreim endet wieder bei dem Mädchen, das ihn aufsagt. Wie viele Kinder können es sein?

2
a) 32 Äpfel aus einer Kiste sollen „gerecht" verteilt werden. Bei wie vielen Kindern ist das möglich?
b) In der Sporthalle sind 28 Kinder. Welche Möglichkeiten gibt es, gleich große Gruppen zu bilden?

3
a) Die Zahl 32 ist ohne Rest durch 4 und durch 8 teilbar, denn 32 = 4 · 8. Suche weitere Teiler von 32.
b) Bestimme ebenso die Teiler von 36, von 48 und von 60.

32	1	...	4
	32	...	8

4
a) Zeichne Rechtecke, deren Flächen 12 Kästchen groß sind:

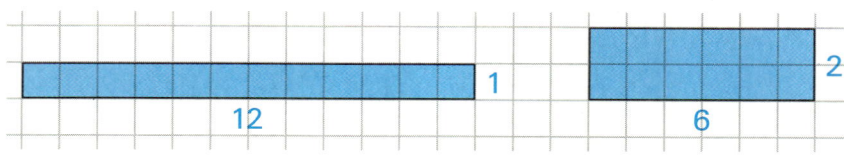

  1   2
 12   6

Welche Teiler hat also die Zahl 12?
b) Bestimme ebenso die Teiler von 18 (24, 11).

5
a) Teiler von 45: 1, 3, ■, 9, ■, 45
b) Teiler von 50: ■, 2, 5, ■, ■, ■
c) Teiler von 81: ■, ■, ■, 27, ■
d) Die Zahl 30 hat 8 Teiler.
e) Die Zahl 64 hat 7 Teiler.
f) Die Zahl 100 hat 9 Teiler.
g) Suche Zahlen mit 3 Teilern.
h) Suche Zahlen mit 2 Teilern.

6 Hier sind die Teiler von vier Zahlen dargestellt. Um welche Zahlen handelt es sich?

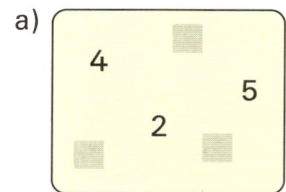

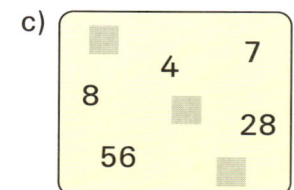

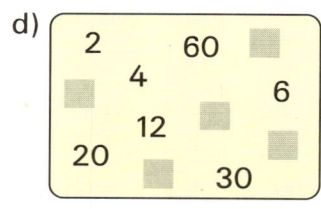

a) 4, 5, 2
b) 3, 21, 7, 42, 6
c) 4, 7, 8, 28, 56
d) 2, 60, 4, 6, 12, 20, 30

Bestimme bei jeder Aufgabe die fehlenden Teiler und schreibe sie der Größe nach auf.

7
a) Bestimme die Teiler von 7, von 13 und von 41. Was fällt dir auf?
b) Eine Zahl, die nur durch 1 und sich selbst teilbar ist, heißt **Primzahl**. Schreibe alle Primzahlen von 2 bis 29 auf.
c) Schreibe alle Primzahlen von 31 bis 59 auf.
d) Warum wurden die elf Holzkugeln nicht in einer rechteckigen Schachtel verpackt?

8 Schreibe eine 3stellige Zahl zweimal nebeneinander, so daß eine 6stellige Zahl entsteht.

Beispiele: 246 246
738 738
594 594

a) Diese Zahlen sind ohne Rest durch 7, durch 11 und durch 13 teilbar.
b) Untersuche auch andere 3stellige Zahlen.

Teiler und Vielfache

1

Die Linie 1 fährt alle 8 Minuten.

Und die Linie 2 fährt im 12-Minuten-Takt.

Wann fahren beide Linien wieder zur gleichen Zeit ab?

2 Lege ein Hunderterfeld an. Kennzeichne alle Zahlen, die

a) durch 2 teilbar sind, z. B. 2, 4 …

b) durch 3 teilbar sind, z. B. 3, 6 …

c) durch 5 teilbar sind, z. B. 5, 10 …

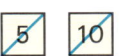

d) durch 7 teilbar sind, z. B. 7, 14 …

Welche Zahlenfelder werden nicht gekennzeichnet?

3
a) Vielfache von 4: 4, 8, …, 60
b) Vielfache von 8: 8, 16, …, 112
c) Vielfache von 9: 9, 18, …, 135
d) Vielfache von 11: 11, 22, …, 132
e) Vielfache von 15: 15, 30, …, 210
f) Vielfache von 75: 75, …, 1 125

4 Wie heißen die Zahlen?
a) Vielfache von 2 zwischen 380 und 412: 382, 384, …, 410
b) Vielfache von 5 zwischen 150 und 225: 155, 160, …, 220
c) Vielfache von 7 zwischen 70 und 120: 77, …
d) Vielfache von 8 zwischen 70 und 120: 72, …
e) Vielfache von 10: 990, …, 1 200
f) Vielfache von 20: 200, …, 460
g) Vielfache von 25: 500, …, 875
h) Vielfache von 50: 500, …, 1 150

5 Welche der Zahlen sind

durch 2 teilbar,
durch 5 teilbar,
durch 10 teilbar,
durch 20 teilbar,
durch 25 teilbar,
durch 50 teilbar?

a) 962, 600, 540, 429, 905, 750, 875, 386

b) 7 560, 4 000, 9 475, 3 817, 6 350, 2 005, 5 638, 1 325

Kannst du Regeln finden?

Gleichungen und Ungleichungen

1 Ich nenne meine Zahl x. Wenn ich x mit 8 multipliziere, erhalte ich 320.

Gleichung: 8 · x = 320
Lösung: 40

a) 5 · x = 350
4 · x = 280
6 · x = 420
9 · x = 630

b) 20 · x = 100
80 · x = 4 000
11 · x = 77
25 · x = 75

2 Ich nenne meine Zahl x. Wenn ich x durch 6 dividiere, erhalte ich 90.

Gleichung: x : 6 = 90
Lösung: 540

a) x : 2 = 40
x : 5 = 80
x : 7 = 11
x : 3 = 12

b) x : 40 = 4
x : 90 = 9
x : 50 = 30
x : 80 = 200

Ich suche Zahlen!

3 Wenn ich meine Zahl zu 250 addiere, erhalte ich 600.

Gleichung: 250 + x = 600
Lösung: 350

a) 675 + x = 800
483 + x = 700
109 + x = 300
544 + x = 900

b) x + 20 = 500
x + 70 = 8 000
x + 500 = 960
x + 100 = 3 800

4 Wenn ich von 320 meine Zahl subtrahiere, erhalte ich 190.

Gleichung: 320 − x = 190
Lösung: 130

a) 210 − x = 130
780 − x = 240
920 − x = 460
530 − x = 350

b) x − 90 = 630
x − 50 = 960
x − 410 = 140
x − 270 = 580

5 Welche Zahlen kannst du zu 697 addieren, so daß du weniger als 703 erhältst?

Ungleichung: 697 + □ < 703
Lösungen: 0, 1, 2, 3, 4, 5

a) 346 + □ < 351
997 + □ < 1 006
1 489 + □ < 1 492
8 758 + □ < 8 765

b) 679 + □ < 701
736 + □ < 750
5 319 + □ < 5 320
8 975 + □ < 9 009

6 Welche Zahlen kannst du von 1 002 subtrahieren, so daß du mehr als 989 erhältst?

Ungleichung: 1 002 − □ > 989
Lösungen: 0, 1, 2, ..., 12

a) 107 − □ > 87
845 − □ > 813
2 013 − □ > 1 987
8 724 − □ > 8 693

b) 801 − □ > 799
543 − □ > 523
4 675 − □ > 4 674
3 004 − □ > 2 982

7 Welche Zahlen kannst du zu 567 addieren, so daß du mehr als 600 und weniger als 610 erhältst?

8 Welche Zahlen kannst du von 820 subtrahieren, so daß du weniger als 750 und mehr als 730 erhältst?

9 Wie viele Zwiebeln fehlen auf der rechten Waagschale, um das Gleichgewicht herzustellen?

Überraschungen mit Zahlen

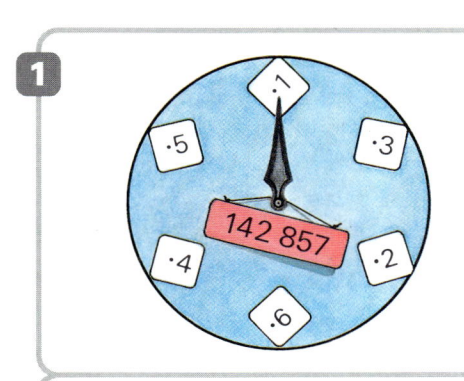

1 *Zahlenkarussell*

a) Multipliziere die Zahl **142 857** mit 1, mit 3, mit 2, ... Fällt dir an den Ergebnissen etwas auf?

b) Paßt auch die Aufgabe 142 857 · 7 zum Karussell?

c) Multipliziere die Zahl **12 345** mit 9, mit 18, mit 27, ..., mit 81.

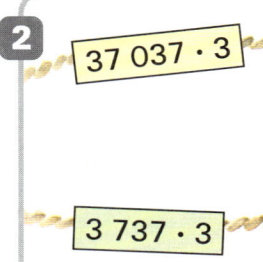

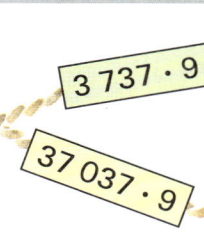

2 37 037 · 3   37 037 · 6   3 737 · 9   ...
3 737 · 3   3 737 · 6   37 037 · 9   37 037 · 12   37 037 · ...

3
a) 6 802 · 15
   2 572 · 48
   5 772 · 77

b) 2 849 · 273
   8 547 · 117
   12 358 · 36

c) 33 684 : 4
   39 798 : 6
   434 568 : 8

d) 311 108 : 7
   277 775 : 5
   918 270 : 9

444 444   54 321   999 999   102 030   55 555   444 888   777 777   44 444   123 456   6 633   8 421

4
a) Die Zahl 2 520 ist durch alle Zahlen von 1 bis 10 ohne Rest teilbar. Prüfe nach.

b) Die Zahl 12 958 ergibt beim Dividieren durch 3 den Rest 1, beim Dividieren durch 4 den Rest 2, beim Dividieren durch 5 den Rest 3 und beim Dividieren durch 6 den Rest 4.
Überprüfe ebenso die Zahlen 51 838 und 362 878.

5 *Seltsame Quadratzahlen!*

a) 125 · 125
   225 · 225
   325 · 325
   ...
   925 · 925

b) 1 · 1
   11 · 11
   111 · 111
   1 111 · 1 111

c) 34 · 34
   334 · 334
   3 334 · 3 334
   33 334 · 33 334

d) 7 · 7
   67 · 67
   667 · 667
   6 667 · 6 667

6 **Spiegelzahlen**

Eine Zahl ist gegeben. Bilde ihre Spiegelzahl und addiere.

Bilde vom Ergebnis wieder die Spiegelzahl und addiere.

Wiederhole, bis sich Zahl und Spiegelzahl nicht mehr unterscheiden.

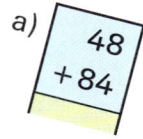

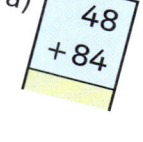

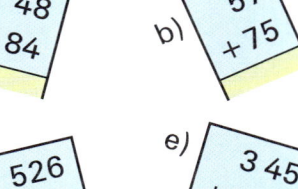

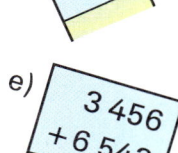

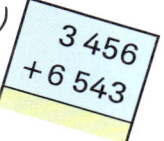

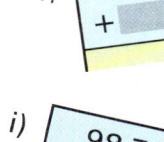

   389
+ 983
─────
1 372
+ 2 731
─────
4 103
+ 3 014
─────
7 117

a) 48 + 84
b) 57 + 75
c) 78 + ▢
d) 526 + 625
e) 3 456 + 6 543
f) 678 + ▢
g) 468 + ▢
h) 234 567 + ▢
i) 98 765 + ▢

j) Untersuche auch andere Zahlen.

Knacknüsse

1

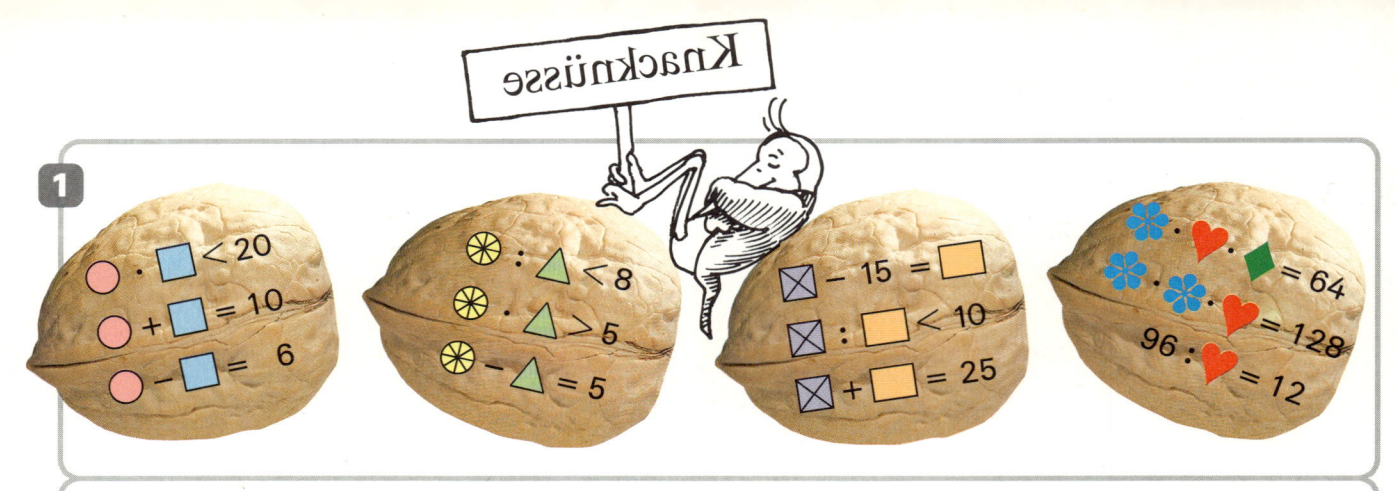

○ · □ < 20
○ + □ = 10
○ − □ = 6

🍋 : △ < 8
🍋 · △ > 5
🍋 · △ = 5

☒ − 15 = □
☒ : □ < 10
☒ + □ = 25

✽ · ♦ = 64
✽ · ♥ = 128
96 : ♥ = 12

2 Wie lauten die Aufgaben und Ergebnisse der nächsten Zeilen?

a) 2 · 99
   3 · 99
   4 · 99
   ...

b)   1 · 9 + 2
   12 · 9 + 3
  123 · 9 + 4
   ...

c)   1 · 9 + 2
   21 · 9 + 33
 321 · 9 + 444
   ...

d)   9 · 9 + 7
  98 · 9 + 6
 987 · 9 + 5
   ...

3 Rechne immer zuerst aus, was in den Klammern steht.

(10 · 9) − (8 · 7) = 90 − 56 = ▢
10 + 9 + 8 + 7 = ▢

(65 · 64) − (63 · 62) = ▢ − ▢ = ▢
65 + 64 + 63 + 62 = ▢

(19 · 18) − (17 · 16) = ▢ − ▢ = ▢
19 + 18 + 17 + 16 = ▢

(250 · 249) − (248 · 247) = ▢ − ▢ = ▢
250 + 249 + 248 + 247 = ▢

(98 · 97) − (96 · 95) = ▢ − ▢ = ▢
98 + 97 + 96 + 95 = ▢

4
a) Rechne wie in Aufgabe 3 auch mit den Zahlen von 59 bis 56.
b) Rechne mit den Zahlen 200 bis 197.
c) Welche Zahlen mußt du wählen, damit du das Ergebnis 102 erhältst?
d) Denke dir selbst Aufgaben aus.

5 a) Was fällt dir an den Zahlenfeldern auf? Finde eine Regel.

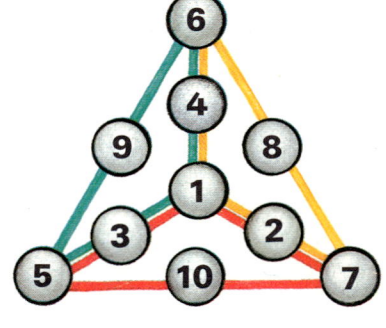

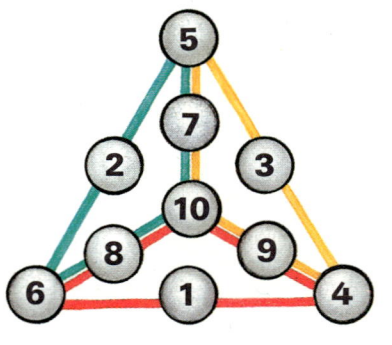

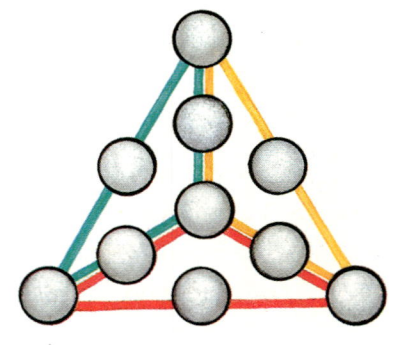

b) Zeichne ein Spielfeld und stelle Marken mit den Zahlen 1 bis 10 her.
Lege die Marken so auf das Feld, daß sich jeweils die Summe 29 (30, ..., 37) ergibt.

6 Wie alt sind die Personen?

Ich bin in diesem Jahr ein Vielfaches von 7 und im nächsten Jahr ein Vielfaches von 5.

110

Längen – Zeitspannen – Gewichte

1 Was gehört zusammen? Der Computer ist falsch programmiert! Suche zu allen Sätzen die richtigen Größenangaben und schreibe auf:

Das Auto ist …
Eine Schulstunde dauert …

2 Schreibe alle Größenangaben auf, die zusammengehören:

Längen: 1,48 m; …
Zeitspannen: …
Gewichte: …

3 Ordne die Angaben nach ihrer Größe:

12 cm < 1,48 m < …
65 s < 2 min < …
500 g < …

4 Addiere
a) alle Längen,
b) alle Gewichte,
c) alle Zeitspannen.

5 Schreibe alle Angaben auch mit einer anderen Maßeinheit:

1,48 m = 148 cm

6 Alexandra geht in einer Stunde 6 km weit. Welche Strecke legt sie in einer dreiviertel Stunde zurück?

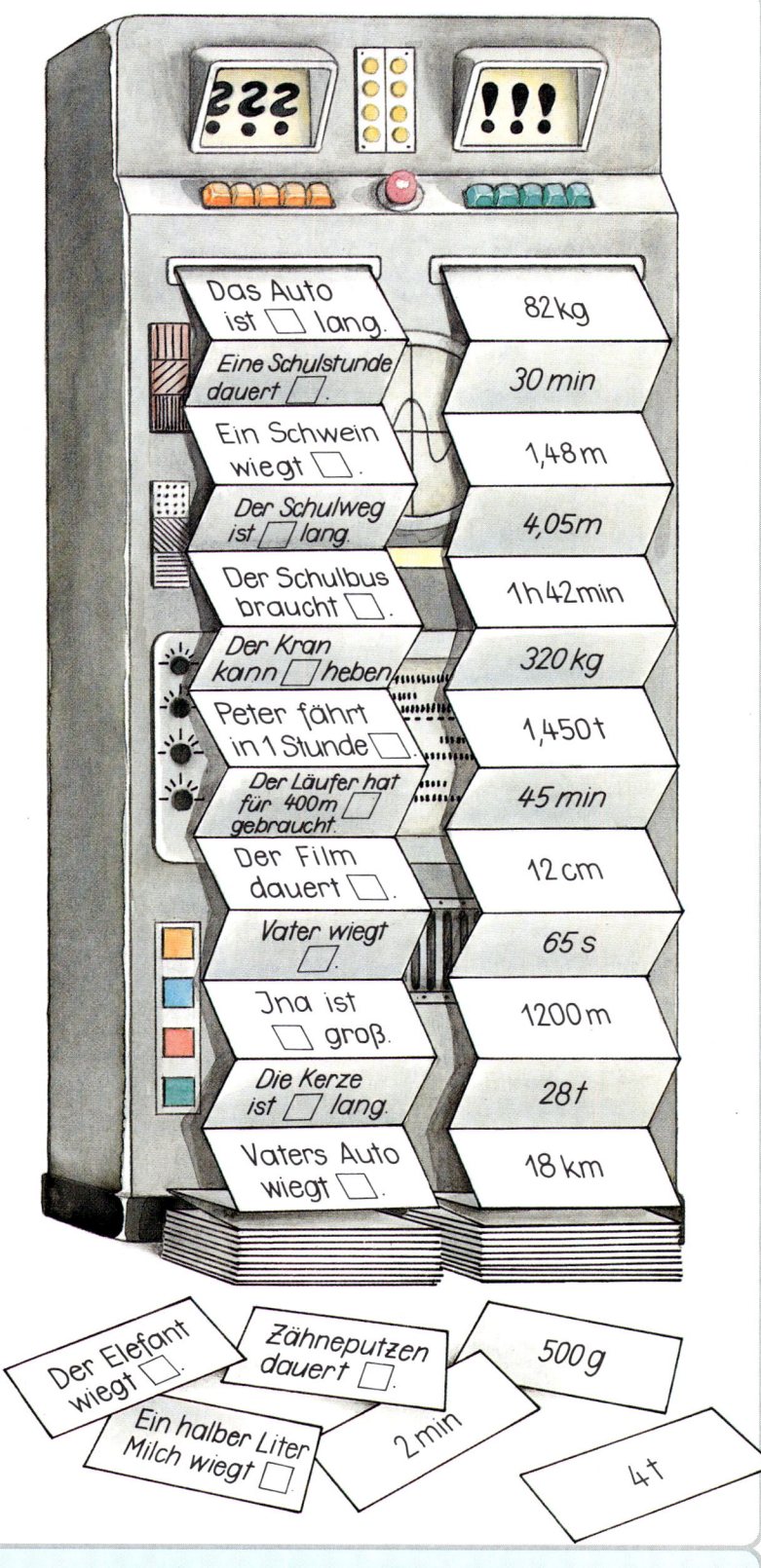

Das Auto ist ☐ lang.
Eine Schulstunde dauert ☐.
Ein Schwein wiegt ☐.
Der Schulweg ist ☐ lang.
Der Schulbus braucht ☐.
Der Kran kann ☐ heben.
Peter fährt in 1 Stunde ☐.
Der Läufer hat für 400 m ☐ gebraucht.
Der Film dauert ☐.
Vater wiegt ☐.
Ina ist ☐ groß.
Die Kerze ist ☐ lang.
Vaters Auto wiegt ☐.

82 kg
30 min
1,48 m
4,05 m
1 h 42 min
320 kg
1,450 t
45 min
12 cm
65 s
1200 m
28 t
18 km

Der Elefant wiegt ☐.
Zähneputzen dauert ☐.
Ein halber Liter Milch wiegt ☐.
500 g
2 min
4 t

7 1×1 üben!

	Pz		Pz
a) 3 · 700 + 5 · 700	11	b) 9 · 4 000 − 6 · 4 000	3
6 · 900 + 4 · 900	9	8 · 7 000 − 5 · 7 000	3
4 · 800 + 3 · 800	11	7 · 6 000 − 6 · 6 000	6
9 · 300 + 2 · 300	6	9 · 5 000 − 4 · 5 000	7
5 · 600 + 4 · 600	9	8 · 9 000 − 6 · 9 000	9
7 · 500 + 3 · 500	5	6 · 8 000 − 4 · 8 000	7

Knacknüsse

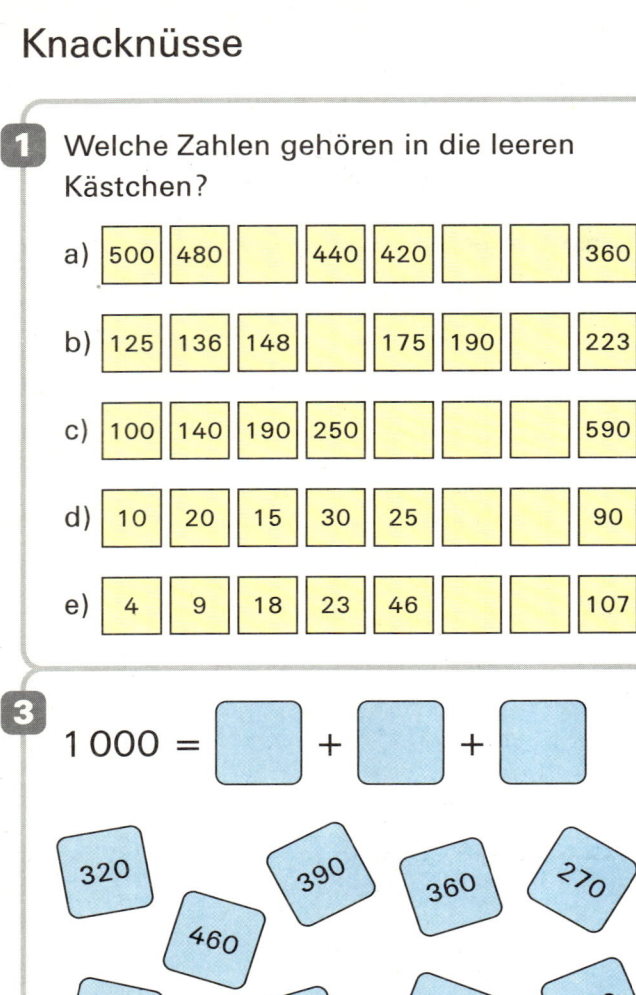

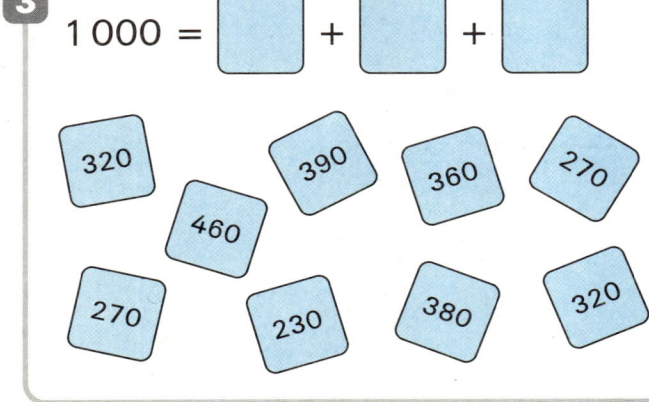

1 Welche Zahlen gehören in die leeren Kästchen?

a) 500 | 480 | | 440 | 420 | | | 360
b) 125 | 136 | 148 | | 175 | 190 | | 223
c) 100 | 140 | 190 | 250 | | | | 590
d) 10 | 20 | 15 | 30 | 25 | | | 90
e) 4 | 9 | 18 | 23 | 46 | | | 107

2 Wie müssen die leeren Kästchen aussehen?

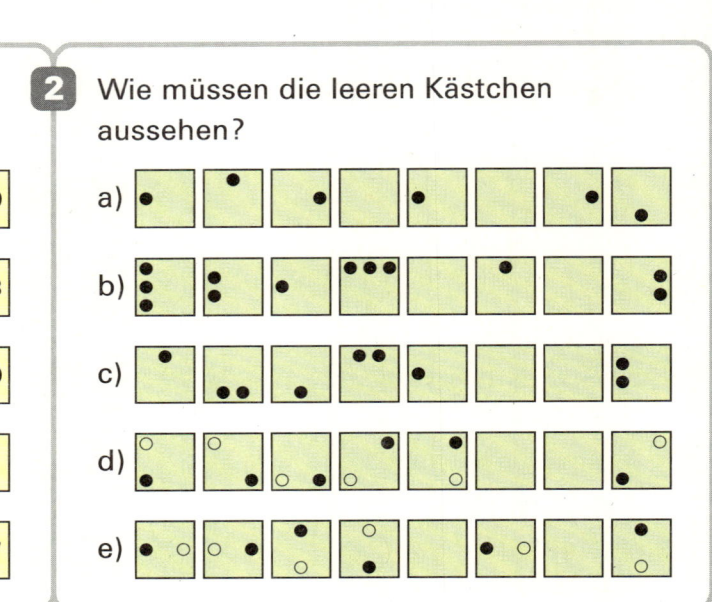

3 $1\,000 = \square + \square + \square$

320, 390, 360, 270, 460, 270, 230, 380, 320

4 $1\,000 = \square - \square - \square$

1 710, 560, 1 850, 1 900, 260, 290, 530, 450, 370

5 
- Nimm fünf Stäbchen so weg, daß drei Quadrate entstehen.
- Nimm zwei Stäbchen so weg, daß aus den fünf Quadraten vier Quadrate werden. 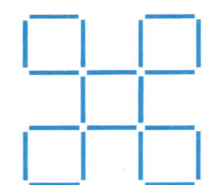
- Wenn du vier Stäbchen anders legst, entstehen zwei Quadrate.
- Wenn du drei Stäbchen anders legst, entstehen sieben Quadrate.

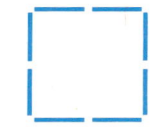

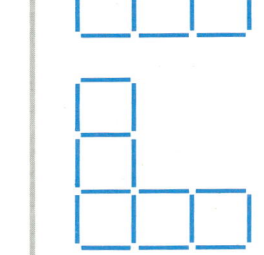

6  Der Bücherwurm frißt sich durch die Bücher. Jeder Band hat 240 Seiten.

a) Wie viele Blätter und Buchdeckel sind es?
b) Wie viele Blätter sind es von Seite 1 im ersten Band bis zur letzten Seite im dritten Band?